Research on the Manufacturing Method of 3D
Hydroelastic Submerged Floating Tunnel Model

三维水弹性悬浮隧道模型
制作方法研究 》》

潘文博　周卓炜　顾倩　崔成　庞岩　林巍　阳志文◎著

大连海事大学出版社

图书在版编目(CIP)数据

三维水弹性悬浮隧道模型制作方法研究／潘文博等
著. — 大连：大连海事大学出版社，2024.6
ISBN 978-7-5632-4554-3

Ⅰ.①三… Ⅱ.①潘… Ⅲ.①水下隧道—隧道工程—
研究 Ⅳ.①U459.5

中国国家版本馆 CIP 数据核字(2024)第 107369 号

大连海事大学出版社出版

地址:大连市黄浦路523号 邮编:116026 电话:0411-84729665(营销部) 84729480(总编室)
http://press.dlmu.edu.cn E-mail:dmupress@ dlmu.edu.cn

大连金华光彩色印刷有限公司印装 　　　　大连海事大学出版社发行

2024 年 6 月第 1 版 　　　　　　　　　　2024 年 6 月第 1 次印刷
幅面尺寸:170 mm×240 mm 　　　　　　　　　　　　印张:7.75
字数:148 千 　　　　　　　　　　　　　　　　印数:1~500 册

出版人:刘明凯

责任编辑:王　琴 　　　　　　　　　　　　　责任校对:董洪英
封面设计:张爱妮 　　　　　　　　　　　　　版式设计:张爱妮

ISBN 978-7-5632-4554-3 　　　定价:38.00 元

前言

　　随着人类社会的发展，人们对于出行效率的要求越来越高，但是由于传统的桥梁、隧道等跨海交通结构或水运交通方式在建设和运营过程中，往往受到水域环境、跨越距离、工程造价、安全因素等条件的限制，特别是桥梁和隧道等交通结构面临更多的困难，甚至在其他因素的制约下难以实现，因此水下悬浮隧道这种全新的交通结构应运而生。

　　水下悬浮隧道，是一种具有复杂约束的悬浮于水下的细长管状结构物，主要用于深水交通。迄今为止，世界范围内还没有真正建成或建设中的工程实例，但对水下悬浮隧道的构想和研究已经有数十年，其中包括最核心的水动力响应问题研究。水下悬浮隧道的水动力响应是其工程应用中必须解决的核心问题之一。迟滞水下悬浮隧道的水动力响应问题研究取得突破性进展的关键在于，复杂约束的、细长的水下悬浮隧道具有弹性。目前，物理模型研究方面，仅限于刚性管段的二维模型；数学模型研究方面，三维水动力模型的建立在诸多关键参数选取上缺乏足够的依据。因此，开展三维物理模型研究势在必行。其中，悬浮隧道水弹性模型的相似性及制作是首先需要考虑的问题。

　　本书基于重力相似准则与弹性相似准则，设计了三维水弹性悬浮隧道模型的制作方案，并进行了加工制作和模型相似性检验。模型设计及制作：采用 A304 钢棒设定在模型管道结构中心，作为弹性模拟主体；三维模型的长度远大于钢棒型材的长度，故需分段制作后连接。在定长钢棒之间设计了与钢棒等强度的螺母及其限位装置。中心钢棒外包裹的非渗水泡沫材料使模型满足几何相似的条件；在泡沫材料内的恰当位置嵌入指定质量的钢环，以保障模型的质量分布相似。模型相似性检验主要包括几何相似、质量相似、空气中结构固有频率和挠度相似（弹性相似检验）、水下浮体运动分量固有频率相似（重力相似检验）等，以检验模型的重力

1

相似与弹性相似特性是否满足情况。模型检测测试的结果表明，本三维水弹性悬浮隧道模型的制作方法满足模型的重力相似与弹性相似要求，可以应用到悬浮隧道水弹性响应试验中。本研究得到的水弹性结构模拟方法可推广到类似的水弹性模型水动力试验研究中，对悬浮隧道水动力响应特性的研究具有重大的引领和推动意义。

  由于作者水平有限、时间仓促，书中不足之处和差错在所难免，竭诚希望前辈、同行和读者批评指正。

作 者

2024 年 3 月

目录

1 绪论

>> >> 1.1 研究背景与意义

水下悬浮隧道(Submerged Floating Tunnel,简称 SFT),是一种悬浮于适当的水深位置的管状结构物,可用于跨越海峡、海湾、内陆湖泊以及其他水道的交通。迄今为止,世界上还没有真正建成或建设中的工程实例,但对水下悬浮隧道进行的构想和研究已经有数十年。目前,对其进行的研究已由概念逐步发展到结构形式、工程方案、施工工艺、风险评价、经济和环境影响等,预计未来 20 年可出现若干工程实例。

水下悬浮隧道多处在海洋环境下,将受到波浪、海流等荷载作用。无论隧道截面采用何种结构形式、何种材料,也不论其端点约束和沿程约束采用何种方式,它自身都可被视为有弹性的、细长的结构,其水动力响应也与一般的海洋结构物有极大的差异,更有别于海底隧道和桥梁。

对于具有弹性的、复杂约束的、细长的水下悬浮隧道的水动力响应问题研究,目前远未达到可用于设计的深度。数学模型研究方面,三维水动力模型的建立在诸多关键参数选取上缺乏足够的依据;物理模型研究方面,仅限于刚性管段的二维模型,显然其结果将与具有弹性的、复杂约束的、细长的水下悬浮隧道的水动力真实响应有很大的差异。水下悬浮隧道的水动力响应问题已经成为其工程应用中必须解决的核心问题之一。开展三维物理模型研究势在必行。对具有弹性的水下悬浮隧道水动力响应三维物理模型(水弹性模型)进行研究时,其相似性及制作是首先需要考虑的问题。

尽管水下悬浮隧道概念已经提出数十年,其研究工作在不断深入,在悬浮隧道所受到的波浪和水流荷载计算等方面也已经有较为成熟的研究成果,但水弹性响应仍然是个难题,因为没有做过水下悬浮隧道水弹性响应试验,也没有可以比拟的工程案例。

事实上,悬浮隧道的水弹性响应取决于两端的边界和沿程约束、管体结构体系的刚度,其中刚度来自隧道横断面结构和锚固系统(锚固系统可以通过缆索锚在海床上或通过缆索锚在水面的浮式结构上)。结构的动力行为受到阻尼的影响,阻尼来自结构自身和流体。如果现在不开展水下悬浮隧道水弹性响应试验,仍然遵循之前的研究方式(例如刚性管体的数学模型计算和二维水槽试验),来研究水下悬浮隧道,我们对悬浮隧道研究的结果很有可能和之前几十年的研究结果一样,无果而终。要想进行该试验,首先需要设计和制作出相应的物理模型,本文致力于设计和制作一种水下悬浮隧道模型,使其能够满足水下悬浮隧道水弹性响应试验研究需求。

≫ ≫ 1.2　本书主要研究工作

本书系统介绍了一种悬浮隧道三维弹性模型的设计及制作方法,使其能够满足水下悬浮隧道水弹性响应试验研究的需要。该三维弹性模型的设计及制作方法在严格的弹性相似难以实现且悬浮隧道主要关注挠度变化的情况下,考虑了模型与原型的抗弯刚度相似,通过抗弯刚度相似处理模型的弹性相似问题,从而得到能够反映悬浮隧道真实响应规律的三维水弹性模型,且这种设计易于实现、系统设计难度较低。研究得到的水弹性结构模拟方法可推广到类似的水弹性模型水动力试验研究中,对悬浮隧道水动力响应特性的研究具有引领和推动意义。

本书主要研究工作包括以下几个方面:

(1)针对水弹性模型试验所关注的原型的物理参数,基于重力相似和弹性相似对悬浮隧道模型的主体结构进行了设计,对重要物理参数(如体积、质量、主体结构的抗弯刚度、自振频率等)进行了计算。依据浮重比对沿程约束系统的缆绳初始平衡张力进行了计算,用于模型弹簧的选择。

(2)根据计算的物理参数选取合适的材料来制作模型的各个组成结构,并将它们组装成一个完整的水下悬浮隧道模型。悬浮隧道模型的制作可分为隧道主体的制作与悬浮隧道约束系统的制作两大部分,其中隧道主体的制作主要分为棒芯的选择、各组成部分的安装、管段间的连接装置以及外包装,而约束系统主要分为沿程约束和端约束两大部分。

(3)对组装后的模型进行检验,包括几何相似和质量相似检验、弹性相似检验、重力相似检验。需要测量的主要模型参数有模型整体的长度、管体的横截面直径、模型整体的质量、模型管段在空气中的自振频率、模型在特定约束条件下的静水衰减周期(运动分量固有周期)。

2 国内外研究现状

悬浮隧道最初于 20 世纪 60 年代被提出。在 20 世纪 80 年代,国外学者以意大利的墨西拿(Messina)海峡为工程背景,首先开展了较为系统的研究与论证。进入 21 世纪以来,悬浮隧道的相关研究逐渐深入,从概念设计、可行性研究过渡到荷载分析、结构响应分析、施工技术等更为具体的方面。近年来,国内外研究团队主要针对锚索式悬浮隧道中的主体结构和沿程约束系统两部分的动力响应进行研究,进而通过系统优化将悬浮隧道动力响应控制在安全稳定的范围内。

波浪和水流荷载作用下悬浮隧道系统的动力响应是系统优化研究的基础,对悬浮隧道的动力响应进行控制是系统优化的目标。因此,本章从悬浮隧道系统动力响应和悬浮隧道系统优化两个方面归纳总结国内外的研究现状,并对研究发展动态进行分析。

≫≫2.1 悬浮隧道系统动力响应研究现状

由于锚索式悬浮隧道的管体和锚索都具有大长细比的特点,在波浪和水流荷载作用下都易发生振动,且彼此的振动会发生耦合效应,所以悬浮隧道系统动力响应的研究分为:单纯管体动力响应、单纯锚索动力响应、管体-锚索系统动力响应。

2.1.1 悬浮隧道管体动力响应研究现状

在研究悬浮隧道单纯管体动力响应时,对于锚索,主要考虑以下三种方法:(1)简化为离散弹性支撑;(2)简化为连续弹性支撑;(3)不考虑锚索支撑。按照研究时是否考虑端部约束,目前对于悬浮隧道管体动力响应的研究可分为二维动力响应研究和三维动力响应研究。

2.1.1.1　二维动力响应研究

(1)波浪荷载

葛斐等(2008)基于线性波理论和 Morison 方程计算规则波作用下悬浮隧道的动力响应,将锚索简化为无质量弹簧,根据柔度系数法推导出管段六自由度运动等效刚度矩阵,将管段简化为集中质量,建立管段六自由度动力方程,通过 Newmark-β 法求解,研究讨论了锚索预张力、不同自由度耦合作用对管段运动的影响。研究结果表明:a. 随着锚索预张力增大,管段横荡幅值减小;b. 不考虑不同自由度之间的耦合作用时,会低估垂荡响应。

刘宇等(2020)基于势流理论和高阶边界元法计算规则波和不规则波波浪作用下悬浮隧道的运动响应,研究将锚索简化为水平和竖直的线性弹簧,建立二维悬浮隧道动力方程,时域内通过四阶预报校正和 Newmark-β 法求解。研究讨论了波浪频率和锚索倾角对圆、椭圆、耳形和双圆四种断面悬浮隧道水平和竖直运动的影响。研究结果表明:a. 竖直方向,圆断面的位移随波浪频率的变化最为平缓且位移值较小;水平方向,椭圆断面的位移随波浪频率的变化最为平缓且位移值较小;共振频率处,各断面管段位移差异显著。b. 随着锚索倾角增大,水平约束刚度减小,管段水平位移变大,共振频率变小,共振峰值向低频方向移动。

阳志文等(2021)开展了规则波作用下悬浮隧道纵向截断模型试验。纵向截取悬浮隧道的一小段作为研究对象,并利用线性弹簧约束边界来模拟截断接头处的等效刚度(见图 2.1.1),研究讨论了特征 KC_n 数($KC_n = uT_n/D$, u 为模型深度处实测流速, T_n 为管段自振周期, D 为管径)对管段相对响应幅值(A/D , A 为响应幅值)、相对响应频率(f/f_n , f 为结构实际振动响应频率, f_n 为结构自振频率)的影响。研究结果表明:a. KC_n 数较小时,横荡与垂荡幅值几乎相等;随着 KC_n 数增大,垂向和横向的 A/D 先增大后减小,分别在 KC_n 数为 0.42 和 0.55 时达到峰值,峰值 A/D 均约为 1.0。b. 垂向和横向的 f/f_n 均随 KC_n 数增大而减小,且垂向大于横向。

Yang 等(2023)开展了规则波作用下垂向单自由度弹性截断边界悬浮隧道管段动力响应试验(见图 2.1.2),讨论了管段浮重比和水动力参数(相对响应频率 f/f_n 、 KC_n 数、约化速度、 Re 数、广义 Ursell 数)对管段位移、加速度和波浪力的影响;通过与固定管段试验的对比,分析了管段运动对波浪荷载的影响;基于试验数据和 Morison 公式,通过最小二乘法拟合得到了 C_m 与管段相对位移和浮重比的关系公式。研究结果表明:a. 管段运动表现出明显的非线性,且随入射波周期的延长而增大,这主要是由强烈的流固耦合作用及波浪的非线性引起的;b. 随着各水动力参数增大,管段位移均先增大后减小,不同浮重比条件下临界水动力参数不同,临界水动力参数与管段自振周期线性相关;c. 随着浮重比增大,管段位移减小,沿运动方向的波浪力减小;d. 相比固定管段试验,在弹性边界条件下,管段水平波浪力增大,垂向波浪力峰值频率减小并趋近管段自振频率。

(2)水流荷载

Yoshihara 等(1996)开展了水流作用下悬浮隧道管段模型试验。管段模型直径为 75 mm,两端分别用 4 根弹簧约束(见图 2.1.3)。试验讨论了弹簧刚度和水流速度对管段运动响应的影响。研究结果表明:a. 由于拖曳力作用,管段横荡随着流速的增大而增大。b. 升力的变化较为复杂,受到管段周围的涡流、湍流以及流固耦合效应的显著影响,当涡脱落频率接近管段固有频率时,升力和垂荡达到最大;对于较大的流速,涡脱落变得不规则,周围流动变得混沌,模型发生显著随机振动。

郭晓玲等(2020)和 Jin 等(2020)建立了水流作用下二维悬浮隧道数值模型。基于有限元法和任意拉格朗日-欧拉(ALE)动网格方法求解雷诺平均方程,采用 $SST\ k-\omega$ 湍流模型封闭湍流方程。二维悬浮隧道简化为质量-阻尼-弹簧系统,只考虑横流向振动建立振动方程,通过 Newmark-β 法求解。研究讨论了雷诺数(Re 数 = 1 000~100 000)、约化速度(U_r = 1~15)、浮重比对悬浮隧道运动和受力的影响。研究结果表明:a. Re 数对振幅影响较大,随着 Re 数的增大,涡激振动锁定区间、平均阻力系数和升力系数均方根都变小;b. 浮重比对振幅影响不大,对涡激振动锁定频率区间有较大影响,当浮重比较小时,锁定区间较大。

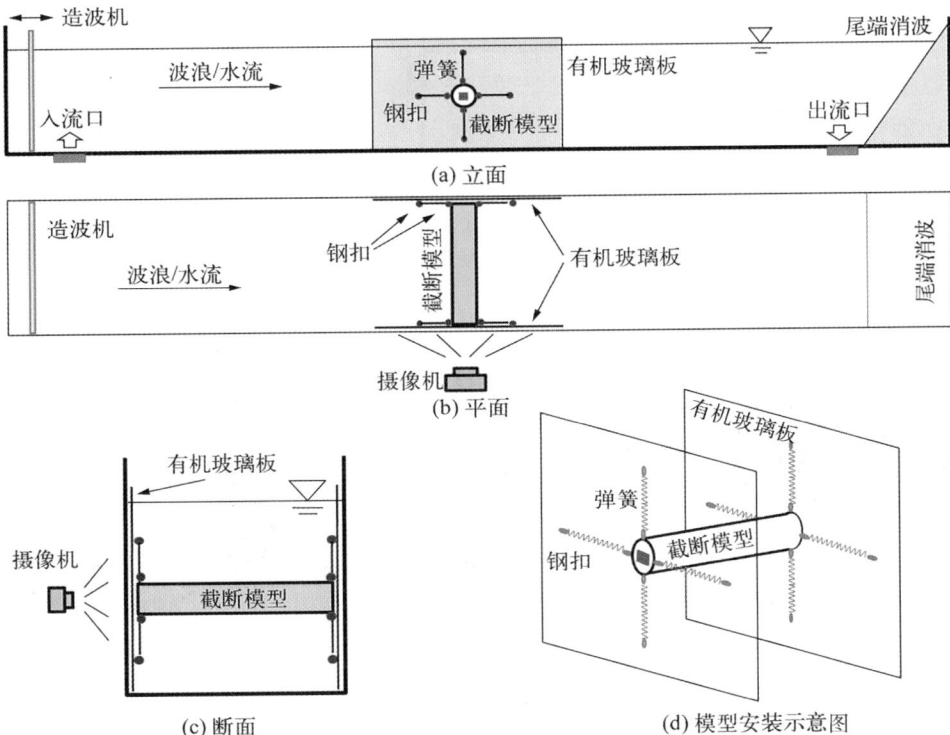

图 2.1.1 截断模型试验布置

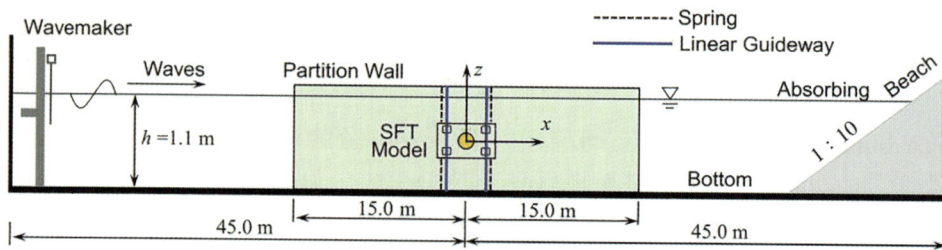

（a）立面

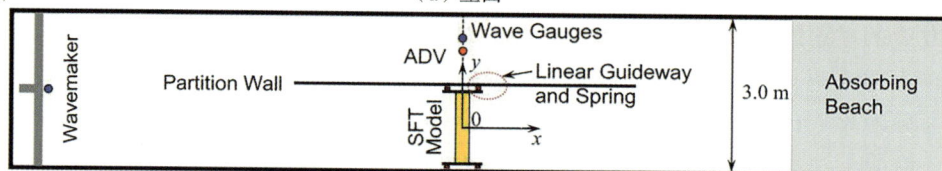

（b）平面

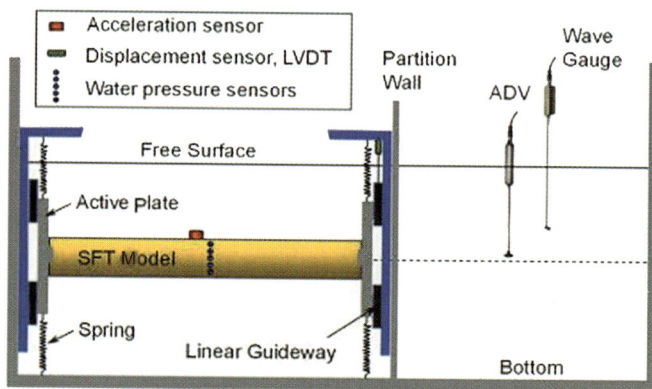

（c）断面

图 2.1.2　垂向单自由度截断模型试验布置

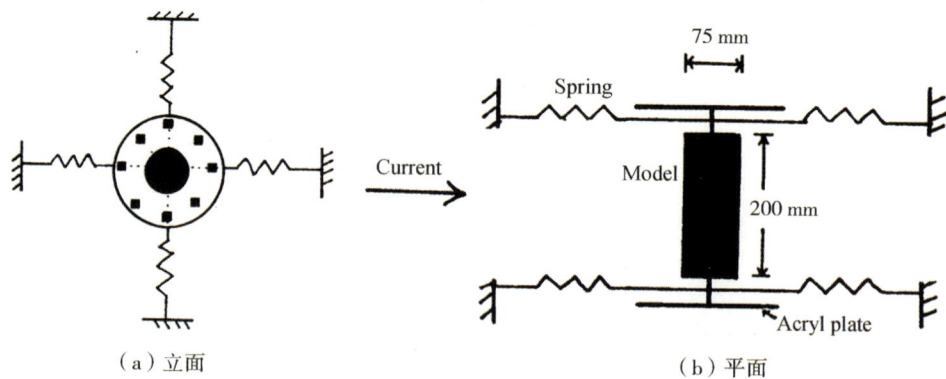

（a）立面　　　　　　　　　　　　（b）平面

图 2.1.3　模型试验布置

Deng 等(2020)开展了刚性连接的双圆管悬浮隧道管段涡激振动模型试验。管段模型直径为 0.1 m,浮重比为 1.0,管段两端安装有弹簧和滑轨,仅考虑横流向振动(见图 2.1.4)。试验研究了间距比、约化速度(2.0~9.0)、淹没深度对悬浮隧道管段位移、升力、拖曳力和扭矩的影响。研究结果表明:a. 间距比小于 4 时,单管和双管模型的涡激振动差异较大。b. 发生涡激振动时,上游管体的升力明显大于下游管体,升力系数差异随间距比的增大而减小。c. 随着间距比的增大,双管模型临界约化速度减小,涡激振动的主频增大,响应幅值减小,最大扭矩减小;双管的拖曳力系数的和值、差值与间距比呈线性增大关系。

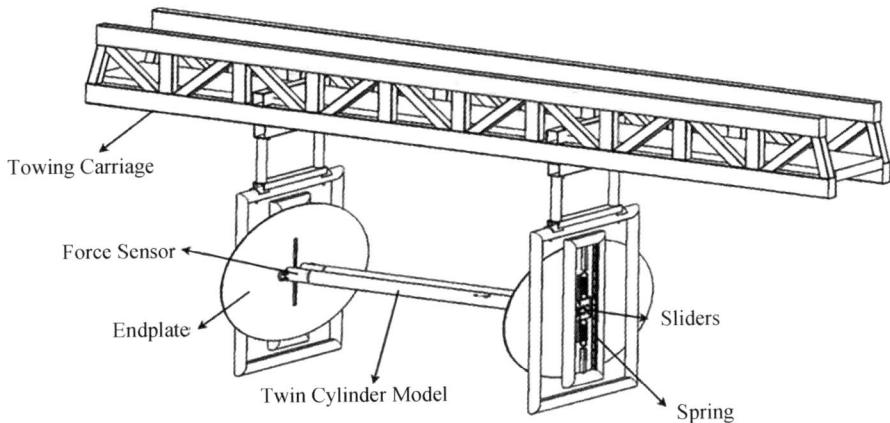

(a)试验布置

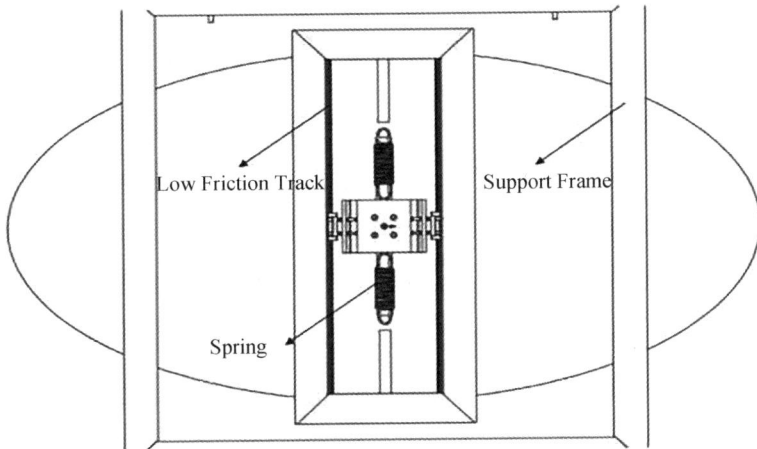

(b)端部约束装置

图 2.1.4　试验布置及端部约束装置

Zou 等(2021)研究了双向非定常流动(潮汐)作用下二维悬浮隧道水动力性能。基于参数 Bézier 曲线设计了两种悬浮隧道断面(Trailing-edge 和 Leading-edge,见图 2.1.5),采用 FLUENT 软件模拟讨论了长宽比对二维悬浮隧道水动力性能的影响,并分析了湍流模型和湍流参数对计算结果的影响。研究表明:a. Leading-edge 形悬浮隧道具有更好的水动力性能;b. 为避免较大的流动分离,建议断面高宽比不超过 0.47。

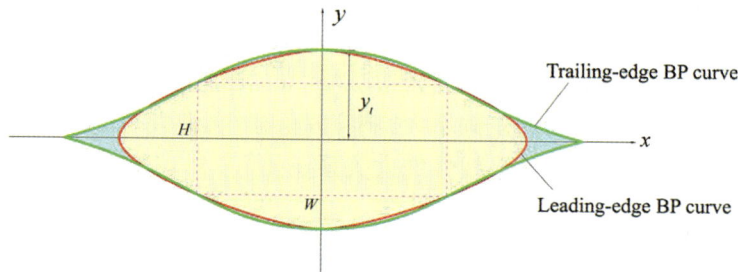

图 2.1.5　Bézier 曲线形悬浮隧道断面

阳志文等(2021)开展了恒定流作用下悬浮隧道纵向截断模型试验(见图 2.1.1)。试验讨论了约化速度[$U_r = U/(f_n D)$,U 为流速,f_n 为自振频率,D 为管径]对管段相对响应幅值(A/D)、相对响应频率(f/f_n)的影响。结果表明:a. 流速较小时,A/D 随 U_r 增大而增大,U_r 达到约 5.8 附近时,发生涡激共振和“锁定”现象,管段横向和垂向 A/D 分别约为 1 和 2;b. f/f_n 均随 U_r 增大而增大。

Zou 等(2023)研究了表面粗糙(海洋生物附着)对定常流作用下悬浮隧道管段水动力特性的影响,在雷诺数 $Re = 8.125×10^3 \sim 5.25×10^4$ 时,通过试验和 CFD 数值模拟方法,讨论了粗糙参数对参数曲线形和圆形断面悬浮隧道管段水动力特性及流场的影响。研究结果表明:a. 参数曲线形断面具有流线型的形状,从而诱导更晚的流动分离,使生成的尾流更小,可以有效减小 C_d;b. 随着粗糙高度的增加,管段水动力系数增大,迎流面表面压力波动增大,能量耗散增强;c. 减小粗糙覆盖率可以有效缩短回流长度和尾流宽度,从而减小水动力。

(3)波流共同作用

Zou 等(2020)以琼州海峡为例,采用 Delft3D-FLOW 耦合 SWAN 建立大尺度海洋水动力模型,模拟预测海啸和台风发生后的海洋环境演化,将模拟得到的指定测点的波浪和水流作为入口边界条件导入 CFD 模型,计算得到二维悬浮隧道模型水动力荷载,评估了圆形、椭圆形、Bézier 曲线形断面悬浮隧道的水动力特性。研究结果表明:a. 台风引起的波浪和水流对悬浮隧道水平方向荷载贡献相当,波浪在垂直方向受力中起主导作用;b. Bézier 曲线形断面悬浮隧道具有流线型形状,水平方向水动力荷载和尾流区域最小。

Zou 等(2023)考虑了表面粗糙(海洋生物附着)的影响,开展了规则波和波流耦合作用下悬浮隧道管段水动力特性试验(见图 2.1.6),讨论了表面粗糙参数对参数曲线形和圆形悬浮隧道管段水动力系数 C_d 和 C_m 的影响。研究结果表明:a. 在规则波作用下,粗糙参数对 C_d 和 C_m 的影响不大;相比于圆形断面管段,参数曲线形断面管段的水平方向 C_m 较小,垂直方向 C_d 和 C_m 较大。b. 波流耦合作用下,C_d 随粗糙高度和覆盖率的增大而增大,表明水流具有实质性的影响。

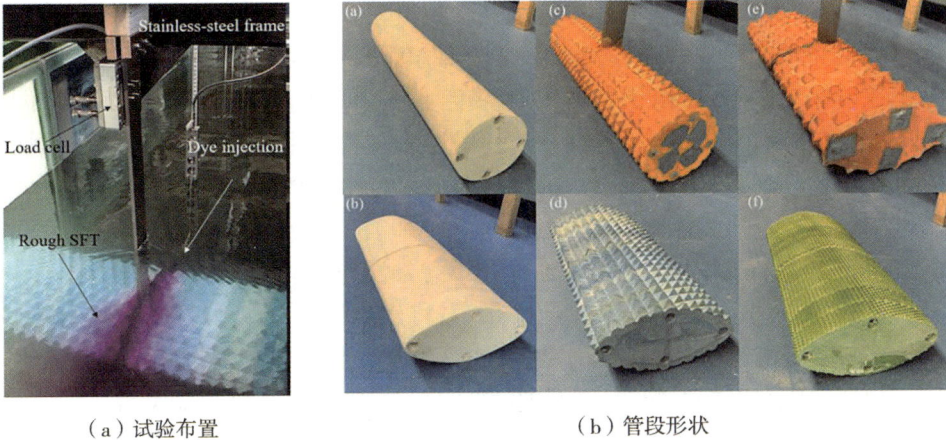

（a）试验布置　　　　　　　　　　　　（b）管段形状

图 2.1.6　试验布置及管段形状

综上所述,在关于波浪、水流、波流共同作用下的悬浮隧道二维动力响应的研究中,管段都简化为刚性,采用固定或弹簧约束,通过物模试验和数值模拟方法进行研究。

波浪荷载讨论了规则波和不规则波作用,数值模拟中基于 Morison 公式或势流理论进行计算。水流荷载讨论了均匀定常流动和双向非定常流动(潮汐)作用,数值模拟中通过 CFD 方法计算。

研究得到的共识可简要归纳为:a. 波高和周期、管体断面形状和浮重比、锚索倾角和预张力、多自由度运动耦合效应、水动力参数(相对频率 f/f_n、KC 数、约化速度 U_r、Re 数、广义 Ursell 数)都对波浪荷载作用下的管段运动有影响;b. 水流速度、锚索刚度、水动力参数(约化速度 U_r、Re 数)和管体断面形状、表面粗糙度、浮重比都对管段的运动和受力有影响;c. 需要进行断面形状优化、采取有效措施控制约化速度 U_r 与 Re 数,以避免管段发生涡激共振。

这些研究有助于初步了解管段的水动力特性和波流荷载作用下管段的运动,但是未考虑管段的变形、沿程锚索的振动、管段之间的连接以及端部约束的影响,是否能够反映真实的悬浮隧道整体动力响应还有待验证。

2.1.1.2　三维动力响应研究

(1)波浪荷载

Paik 等(2004)基于线性势流理论和边界元法计算不规则波作用下悬浮隧道受到的波浪力,将悬浮隧道管体模拟为三维线弹性梁单元,求解振动矩阵方程,从而得到管体动力响应。研究结果表明:附加质量、辐射阻尼和波浪激振力都随着悬浮隧道淹没深度的增加而减小。

罗刚等(2022)采用三阶 Stokes 波浪理论和 Morison 方程计算悬浮隧道波浪荷载,采用冲击波公式计算水下爆炸荷载;将悬浮隧道简化为两端简支弹性支撑梁,建立了波浪和水下爆炸联合作用下管体振动方程,通过模态叠加求解振动方程,考虑了三阶振动模态;讨论了管体淹没深度、波高和周期、爆炸荷载参数对管体位移响应的影响。研究结果表明:在波浪和爆炸冲击波的共同作用下,管体位移显著增大且产生拍频现象,冲击波会在短时间内增大管体位移。

(2)水流荷载

Lin 等(2018)研究了均匀定常流作用下悬浮隧道管体-车辆耦合振动响应:采用升力公式和 Morison 公式计算水流作用力;将悬浮隧道简化为两端简支弹性地基梁结构;将车辆简化为单自由度弹簧-阻尼-质量系统,假设车辆在行驶过程中与轨道不分离,从而建立水流作用下管体-车辆耦合振动方程,采用振型叠加法求解,考虑了管体前六阶振动模态;讨论了流速、浮重比、锚索倾角对管体位移和弯矩的影响。研究结果表明:a. 随着流速的增大,管体位移的动力放大效应增大。b. 流速对管体弯矩的作用受到刚度和高阶振型的影响。c. 随着锚索倾角增大,竖向刚度增大,对位移和弯矩的动力放大效应减小;相较于流速和浮重比,锚索倾角的影响更大。

Lin 等(2022)将水流荷载简化为尾流振子模型(Van der Pol 方程),将悬浮隧道简化为两端简支弹性地基梁,将车辆荷载简化为弹簧-阻尼-质量系统,建立了水流-管体-车辆耦合振动模型(见图 2.1.7),采用有限差分法进行求解,讨论了管体长度及浮重比、车辆重量及速度、水流速度及分布形式(均匀流、剪切流、简谐流)对系统耦合振动的影响。研究结果表明:a. 车辆荷载会加剧水流-管体耦合振动,在耦合振动过程中,重型车辆的运动更加平稳;b. 随着流速增大,小长度管体的振动比大长度管体的振动更强烈。

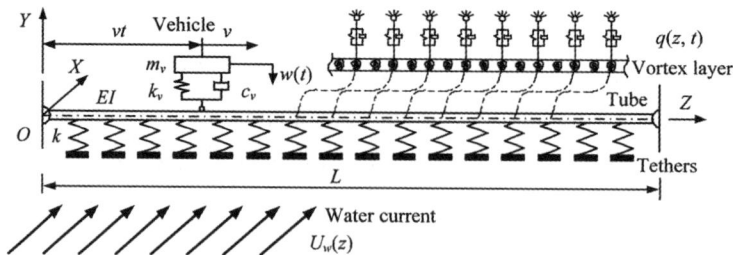

图 2.1.7 水流-管体-车辆耦合振动模型

Yang 等(2022)采用尾流振子模型(Van der Pol 方程)计算水流荷载;将悬浮隧道管体简化为多跨连续空间梁,采用弹簧组模拟柔性管段接头和端部约束边界的抗剪、抗弯、抗扭功能,调整弹簧刚度可以实现各种边界条件的模拟;将锚索简化为离散弹性支撑,考虑了锚索安装角度引起的平动-扭转耦合效应;采用 12 自由度的三维弹簧-阻尼-质量系统模拟车辆荷载,从而建立了水流-管体-车辆耦合振动模型(见图2.1.8),通过模态叠加法和有限差分法求解;讨论了端部约束刚度、管段接头刚度和锚索刚度对管体和车辆动力响应的影响。研究结果表明:a. 高阶振动模态对管体内力有显著贡献,采用模态叠加法求解时应至少考虑十阶模态;b. 增强管段接头中的剪力键可以提高抗扭性能,但是其对抗剪性能的改善作用有上限;c. 增大锚索直径可以有效减小管体的位移和内力,锚索安装角度对结构响应的影响不明显。

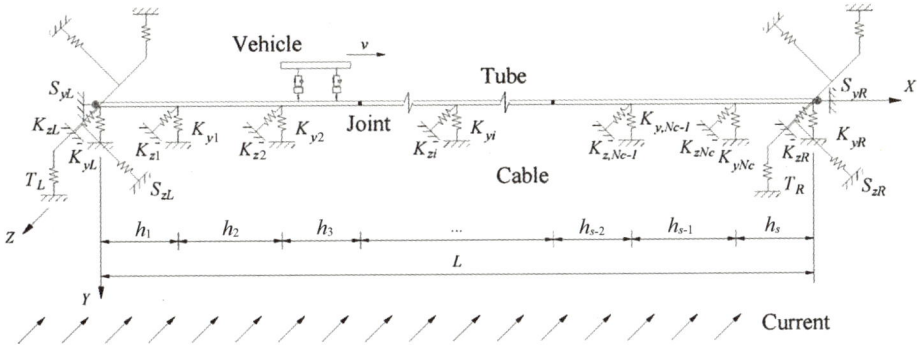

(a)水流-管体-车辆耦合振动模型

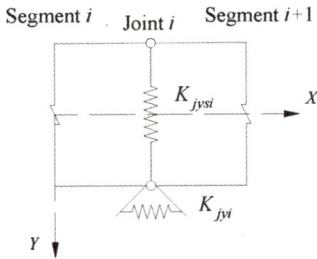

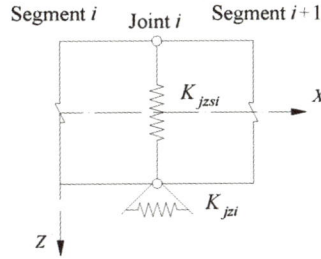

(b)管段接头正视　　　　(c)管段接头俯视　　　　(d)管段接头侧视

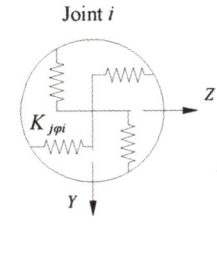

图 2.1.8　水流-管体-车辆耦合振动模型和管段接头简化模型

Kang 等(2016)采用尾流振子模型(Van der Pol 方程)计算均匀流荷载;将地震荷载以地面运动加速度方式同步作用在每个铰链支座上;将悬浮隧道管体简化为两端固支梁,将锚索简化为铰链支座(见图2.1.9);建立了水流和地震作用下悬浮隧道振动方程,采用有限元法求解;讨论了锚索间距对管体位移和内力以及锚索张力的影响。研究结果表明:随着锚索间距减小,管体最大位移和锚索张力减小,管体振动响应表现出更强的周期性。

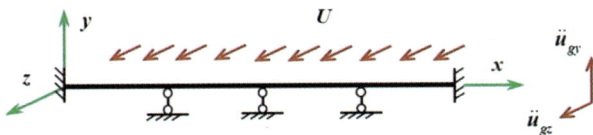

图 2.1.9　简化理论模型

综上所述,关于波浪、水流作用下的悬浮隧道三维动力响应的研究较少,主要采用的研究方法为解析方法,基于 Sato 等(2007,2008)的研究,将悬浮隧道管体简化为 Euler-Bernoulli 梁,管体两端简化为简支或固支,将锚索简化为离散或连续弹性支撑(弹簧、链杆),从而将悬浮隧道简化为弹性支撑梁或弹性地基梁,建立波浪和水流荷载作用下的振动方程。波浪荷载讨论了规则波和不规则波,采用势流理论或 Morison 公式计算。水流荷载主要为定常均匀流,采用 Morison 公式或尾流振子模型(Van der Pol 方程)计算。

研究得到的共识可简要归纳为:a. 波浪荷载的影响随着悬浮隧道淹没深度的增大而减小;b. 随着流速的增大,管体位移的动力放大效应增大;c. 通过增大锚索刚度、调整锚索倾角、缩短锚索间距等措施可以有效控制系统动力响应。

这些简化研究对于分析管体整体动力响应是较为简便、高效的,但是采用了较多的简化,忽略了管体薄壁性质及内部结构、管段接头和端部约束的复杂性、锚索的振动,会导致计算结果的真实性不足,也不利于精确分析悬浮隧道局部内力。波浪和水流荷载条件也较为简单,不足以体现真实海洋环境的复杂多变性。

2.1.2 悬浮隧道锚索动力响应研究现状

悬浮隧道锚索小阻尼、小质量、大柔度的特性使其极易发生振动。锚索的振动可以分为两类:第一类为锚索受到外荷载作用而产生的振动;第二类为管体振动作为端部激励引起的振动。后者又可以分为管体沿锚索横向振动引起的强迫振动和管体沿锚索轴向振动引起的参数振动。当参数激励频率为锚索固有频率的倍数时,锚索会发生参数共振,当倍数关系为 2 倍时,锚索参数共振幅值最大,称为主参数共振。

2.1.2.1 波浪荷载

Lu 等(2011)将悬浮隧道管段简化为刚性柱体,作用于管段上的规则波波浪荷载通过线性波理论和 Morison 公式计算;建立管段-锚索耦合运动方程,方程中考虑了由于管段发生较大位移引起的几何非线性和由于锚索松弛导致轴向刚度中断引起的非线性;研究了规则波作用下锚索的张力,重点考虑了锚索的松弛现象及受到的冲击张力,讨论了波高和周期、管体浮重比、锚索倾角对锚索张力的影响。研究结果表明:a. 波高较大时,锚索易发生松弛并受到冲击张力;b. 在不同的管体浮重比和锚索倾角的组合下,浮重比主导锚索倾角对锚索松弛-张紧的影响范围。

2.1.2.2 水流荷载

葛斐等(2006)将波流作用下管体的运动简化为锚索横向的强迫激励和轴向的参数激励,将锚索简化为受张力的简支梁,考虑了水流的平均拖曳力和脉动拖曳力,建立了锚索顺流向振动方程,通过模态叠加法求解,考虑了前三阶振动模态。进一步地,葛斐等(2007)考虑了锚索振动中相对流速方向的改变,计算了横流向的涡激升力和顺流向的脉动拖曳力,建立了锚索的顺流向和横流向振动方程,采用中心差分法求解。研究表明:a. 锚索两个方向耦合作用会抑制部分高阶模态的激发,增大顺流向振幅,减小横流向振幅;b. 管体的振动会激发锚索高阶模态,锚索顺流向振幅显著增大,横流向振动出现"拍"现象。

葛斐等(2007)将悬浮隧道锚索简化为简支梁,采用Iwan尾流振子涡激振动模型,研究了线性剪切流作用下锚索的涡激振动,讨论了管体浮重比、剪切流陡度参数的影响。研究结果表明:a. 浮重比减小,锚索模态频率减小,会被激发更多模态,锁频区域也会改变;b. 剪切流陡度增大,锚索振幅减小。

孙胜男等(2007)将悬浮隧道管体简化为参数激励,将锚索简化为简支梁,不考虑抗弯刚度,建立了涡激升力和参数激励作用下的锚索振动方程,通过模态叠加法求解,考虑了三阶振动模态。研究结果发现:a. 当发生涡激共振或参数共振时,共振的模态响应最大,共振模态响应随着阶数升高而减小;b. 涡激共振相对于参数共振小很多。

陈健云等(2007)将悬浮隧道管体简化为参数激励,将锚索简化为简支梁,通过等效弹性模量法考虑了垂度效应,建立了涡激升力和参数激励作用下的锚索振动方程,通过模态叠加法求解,讨论了参数激励频率和锚索预张力、倾角、长度对其共振响应幅值和频率的影响。研究结果表明:参数共振振幅随着预张力和倾角的增大而减小,随着长度增大而增大。

陈健云等(2008)将悬浮隧道管体简化为弹簧-阻尼-质量系统,将锚索简化为简支梁,通过等效弹性模量法考虑了垂度效应,建立了涡激升力作用下锚索-质量块耦合振动方程,求解中考虑了锚索一阶模态,讨论了结构阻尼和初始扰动对锚索涡激共振和参数共振的影响。研究结果表明:涡激振动可以激发系统的参数振动,最终转为稳态振动,稳态振幅由涡激振动提供的能量决定。

罗刚等(2012)在ANSYS APDL有限元软件中,采用只能承拉的三维空间杆单元Link10模拟锚索,涡激升力采用升力公式计算,水体阻力采用Morison公式计算,建立锚索非线性振动方程,基于wilson-θ法,通过二次编程,在时域内实现了振动方程求解,讨论了均匀流速度和锚索参数(预张力、长度、倾角)对锚索张力和跨中位移的影响。研究结果表明:a. 在非涡激锁定情况下,增大预张力可以减小锚索张力和跨中最大位移;b. 锚索的张力和跨中最大位移均随锚索倾角的增大呈现先减后增再减的趋势。

晁春峰等(2016)开展了均匀流作用下锚索节段涡激振动试验(见图2.1.10)。试验截取千岛湖悬浮隧道设计锚索节段,其长为0.5 m,直径为60 mm,直径、材料与原型相同,控制约化速度一致进行涡激振动模拟,通过采集得到位移、速度、加速度,并通过计算得到升力、拖曳力、惯性力系数,研究了流速、倾角、来流角度的影响。研究结果表明:a. 约化速度在 5.8~10.1 时,发生涡激锁定现象,锚索横向振幅最大达到直径的 1.1 倍,涡激共振对顺流向振动影响不明显;b. 涡激共振时,升力系数和拖曳力系数均会显著增大。

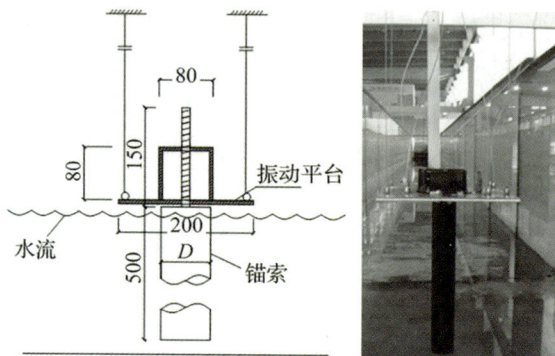

图 2.1.10　锚索节段涡激振动试验布置(单位:mm)

闫宏生等(2017)将悬浮隧道锚索简化为简支梁,将管体分别简化为参数激励和弹簧-阻尼-质量系统,建立了横流向升力作用下的锚索振动方程,求解中仅考虑了一阶模态。

综上所述,目前关于波浪、水流作用下的悬浮隧道锚索动力响应的研究,主要采用的是解析方法,将锚索简化为梁或弦,两端简化为简支连接,将悬浮隧道管体简化为弹簧-阻尼-质量块或施加在锚索端部的张力变化参数激励或简谐位移强迫激励,建立悬浮隧道锚索振动方程。波浪荷载讨论了作用于悬浮隧道管体上的规则波,采用 Morison 公式计算。水流荷载讨论了均匀流和剪切流,采用 Morison 公式计算。

研究得到的共识可简要归纳为:a. 管段运动可能会导致锚索松弛-张紧现象,引起锚索冲击张力;b. 当发生涡激共振或参数共振时,共振的模态响应最大;c. 锚索预张力、倾角、长度都会对锚索张力有影响。

2.1.3　悬浮隧道系统动力响应研究现状

前面两部分(2.1.1、2.1.2)中,研究悬浮隧道管体的动力响应时,将锚索简化为无质量的弹簧;研究锚索的动力响应时,将管体简化为质量块或参数激励;这两种简化模型都不能完全真实地反映悬浮隧道的管体与锚索的振动情况。只有考虑管体-锚索系统耦合振动才更符合实际情况,才有利于更准确地获取悬浮隧道的真实动力响应。

2.1.3.1 二维动力响应研究

（1）波浪荷载

葛斐等（2008）将悬浮隧道管段简化为轴对称刚体,将锚索简化为两端铰接空心圆截面梁,波浪荷载通过 Airy 线性波理论和 Morison 公式计算,建立了管段-锚索耦合二维运动方程,采用中心差分法求解,研究了波高、浮重比对管段位移、锚索位移及张力的影响。研究结果表明:a. 锚索长细比很大时,轴向和横向振动耦合作用不可忽略;b. 随波高增大,管段横荡和横摇线性增大,垂荡影响很小;c. 随浮重比增大,锚索抗弯刚度减小,管段的横荡和横摇增大。

Oh 等（2013）开展了规则波作用下单管和双管圆截面悬浮隧道管段模型试验,研究了淹没深度、浮重比、波高和周期对管段运动、表面压力、锚索张力的影响。试验几何比尺为 1:100,管段模型直径为 23 cm。管段采用丙烯酸制作,锚索采用不锈钢丝 AISI304 制作,对于双管模型设置了五种布索方式（见图 2.1.11）。研究结果表明:a. 随波高和周期的增大,管段的纵荡和纵摇呈线性增大,而垂荡变化不大,管段表面压力和锚索张力也呈线性增大;b. 管段位移总体上随着淹没深度的增大而减小,随浮重比的增大而增大;c. 对于双管模型,CD0 布索方式效果最佳,管段位移最小,锚索受力分布均匀且较小。

Seo 等（2015）提出了规则波作用下悬浮隧道管段动力响应的简化分析方法,并进行了试验验证。简化分析中,将垂直系泊悬浮隧道管段简化为钟摆模型,采用线性波理论和 Morison 公式计算波浪荷载,根据牛顿第二定律建立管段动力方程。物模试验（见图 2.1.12）中,几何比尺为 1:148,采集得到管段位移和锚索张力,通过锚索张力估算作用在管段上的波浪荷载。研究结果表明:a. 在波浪作用下,垂直系泊管段振荡严重,W 形系泊管段较为稳定;b. 基于 Morison 公式计算和试验锚索张力估算的波浪荷载,垂向吻合较好,横向相差在 20% 以内,产生差异可能的原因是计算中忽略了衍射和反射效应。

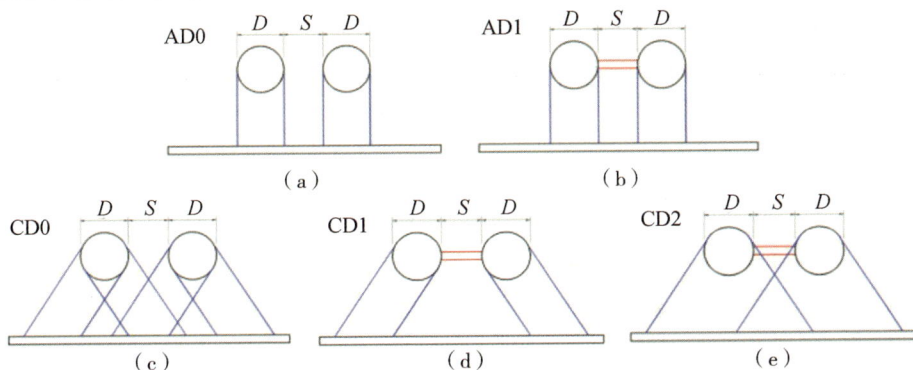

图 2.1.11　双管悬浮隧道锚索布置方式

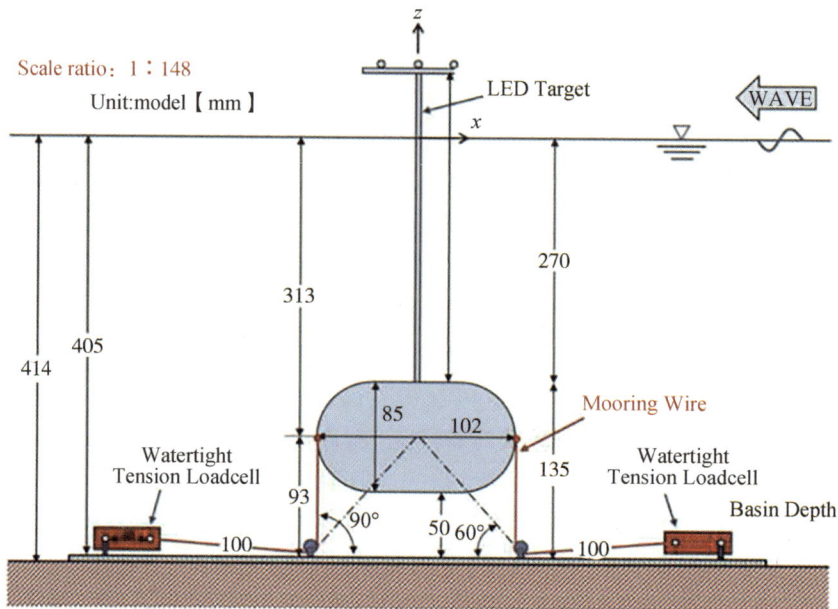

（a）

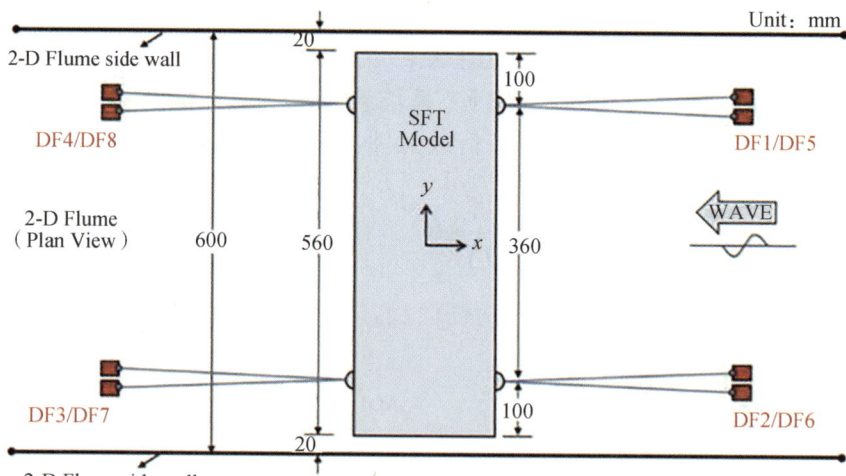

（b）

图 2.1.12　模型试验布置

Cifuentes 等（2015）采用 OrcaFlex 和 CHARM3D 两种软件数值模拟了规则波作用下悬浮隧道管段–锚索耦合动力响应,研究了浮重比和淹没深度、波浪周期和陡度、布索方式对管段运动及锚索张力的影响。其中,OrcaFlex 是基于集中质量法的商业软件,可以考虑 C_D 随 Re 数的变化;CHARM3D 是基于杆理论和有限元方法的自开发软件。研究结果表明:a. 管段运动和锚索张力随波高和周期的增大而增大,随淹没深度的增大而减小;b. 倾斜布索在限制管段运动方面更有效。

Lee 等(2017)采用 OrcaFlex 和 CHARM3D 两种软件数值模拟了波浪和地震作用下悬浮隧道管段的动力响应,将悬浮隧道管段模拟为两端自由的刚性圆柱;对于锚索的模拟,OrcaFlex 中采用无质量弹簧模型,CHARM3D 中采用基于杆理论的高阶有限元方法;波浪荷载基于 Morison 公式计算,考虑了 C_D 随 Re 数的变化;地震运动同步施加于所有锚索锚点,忽略地震引起的水体动压力;讨论了锚索布索形式、波高和周期对管段运动和锚索张力的影响。研究结果表明:倾斜锚索可以有效约束悬浮隧道的运动。

李勤熙等(2018,2019)开展了规则波和不规则波作用下不同断面悬浮隧道管段模型试验。试验采用有机玻璃制作了断面分别为圆形、椭圆形、八边形的悬浮隧道管段模型,采用无弹性的钢丝绳和多级弹簧钢片组合模拟锚索,采集得到了管段断面压强分布和锚索张力,通过周向压强评估管段所受的波浪力,讨论了波高和周期的影响。试验结果表明:a. 管段断面压强和所受波浪力都随波高的增大而增大,随周期的延长而减小,周期变化对压强极值的影响小于波高变化的影响;b. 管段所受的垂向波浪力都大于横向波浪力。

Jin 等(2020)建立了波浪作用下悬浮隧道管段–锚索时域耦合动力分析数值模型,基于二阶势流理论和高阶边界元法计算波浪荷载,以及弹性杆理论和有限元法模拟锚索动力响应,通过自由衰减物模试验获得了耦合振动的精确阻尼系数,从而建立刚性管段–锚索一阶、二阶耦合振动方程,通过 Newmark-β 法求解,研究了浮重比、锚索刚度、波频、水体黏滞阻尼对管段运动和锚索张力的影响。研究结果表明:a. 浮重比对管段运动影响不大,但对锚索张力影响较大;b. 增加斜向锚索刚度的效果优于增加垂向锚索刚度,建议斜向锚索刚度大于垂向锚索刚度;c. 二阶运动的比例随波频的增大而增大,垂荡中平均偏移量的影响大于纵荡;d. 水体黏滞阻尼会大大削弱结构共振效应。

Yarramsetty 等(2019)采用 Ansys AQWA 进行数值模拟,研究了规则波(一阶、二阶波浪)作用下悬浮隧道管段运动 RAO 和不规则波作用下管段运动与锚索张力,讨论了波浪入射方向、锚索线性与非线性、单根锚索断裂的影响。研究结果表明:a. 在一阶波浪作用下,非线性锚索悬浮隧道的响应比线性锚索悬浮隧道大;b. 在二阶波浪作用下,当波浪周期较小时,非线性锚索悬浮隧道的垂荡比线性锚索悬浮隧道大。

Yang 等(2020)开展了规则波作用下悬浮隧道二维运动特性试验,研究了波高和周期、管段浮重比和淹没深度、锚索倾角对管段运动的影响,并在试验数据的基础上,拟合了管段运动量经验计算公式。试验几何比尺为 1∶80,管段采用 PVC 和钢材制成,直径为 0.16 m,锚索采用钢丝绳制成。研究结果表明:a. 管段的运动幅度随着波高的增大而增大;b. 波浪周期的影响与结构的固有周期有关,当波浪周期接近固有周期时,共振使运动幅度显著增大;c. 管段运动随着浮重比和淹没深度的增大而减小;d. 随着锚索倾角增大,管段运动增大。

Chen 等(2020,2021)采用 FLUENT 数值模拟了波浪作用下悬浮隧道动力响应,基于重叠网格法和网格分区指定运动更新法(见图2.1.13)动态配置计算网格,采用松弛造波法生成波浪,根据牛顿第二运动定律建立刚性管段动力方程,基于无松弛和无变形假定建立锚索几何协调方程,嵌入用户定义函数(UDF)进行流固耦合计算,研究了水深、波高及周期、管段浮重比及淹没深度、锚索倾角对管段位移和锚索张力的影响。研究结果表明:a. 管段运动和锚索张力随波高和周期的延长而增大,随淹没深度的增大而减小。b. 管段运动与浮重比的相关性呈抛物线形,当浮重比接近于1.6时,管段运动响应最大;当浮重比接近于1.1时,锚索有松弛的风险,当浮重比接近于1.6且在大波浪条件下时,锚索也可能松弛。c. 当锚索倾角为35°~45°时,管段运动和锚索张力相对较小;当锚索倾角为45°~67°时,管段运动剧烈,锚索有松弛的风险。d. 与垂直系泊相比,倾斜系泊时管体拐角处更易产生涡流,可能是因为倾斜系泊的管体旋转时,拐角处的速度相对较大,且拐角处的黏性效应容易导致流动分离。

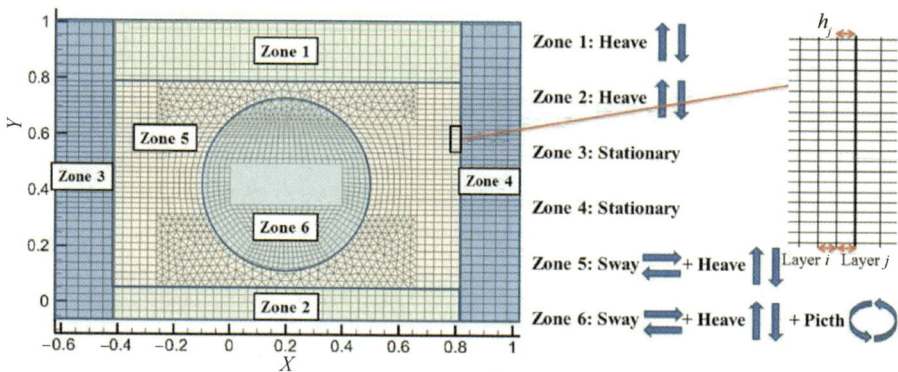

图 2.1.13　网格分区指定运动更新法

Luo 等(2022)通过线性波理论和 Morison 公式计算规则波波浪力,将悬浮隧道管段简化为刚性柱体,将垂向布置锚索等效为一根锚索,不考虑管段转动和锚索变形,将悬浮隧道锚索-管段系统简化为倒置的单摆模型(见图2.1.14),建立了规则波作用下系统动力方程,讨论了水深、浮重比、锚索长度、波浪周期和陡度对管段-锚索耦合动力响应的影响。研究结果表明:共振周期和共振发生时的管段动态响应随浮重比的减小而增大,随锚索长度的增大而增大。

Kim 等(2022)开展了规则波和不规则波作用下单圆管、双圆管断面悬浮隧道管段试验。模型几何比尺为1:100,浮重比为1.35,单圆管直径为230 mm,双圆管直径为160 mm,双管中间采用长度200 mm、直径40 mm 的圆管刚性连接;锚索由 SUS304 钢丝绳制作,采用8根倾斜锚索系泊;试验水深1 m,模型中心距离水面0.615 m,测试了规则波和不规则波作用下的锚索张力、管段位移和加速度。研究结果表明:a. 与单圆管相比,双圆管悬浮隧道的锚索动张力和管段最大位移减小,这是由于双圆管截面的特征尺度较大,引起 C_d 急剧下降,从而导致管段水动力减小;b. 在不规则波作用下,双圆管悬浮隧道锚索动张力极端峰值增大,这是因为特征尺度增大引起 Re 数增大,管段周围的湍流特性增强,将会增大由于结构的非线性力和湍流运动导致的结构破坏的可能性;c. 增大特征尺度会减弱波高对于结构响应的影响,但会相对扩大周期的影响。

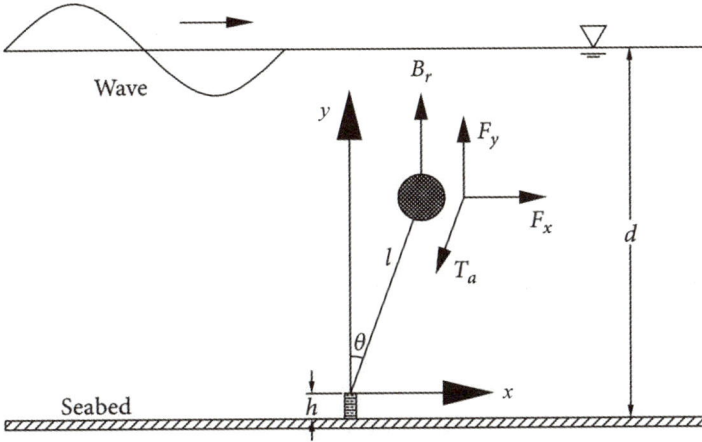

图 2.1.14　简化理论模型

Wang 等(2022)开展了规则波作用下悬浮隧道管段试验(见图 2.1.15),讨论了波高和周期对管段加速度、表面压力、位移和锚索张力的影响。管段断面为椭圆形,几何比尺为 1:60,尺寸为 0.75 m×0.317 m。研究结果表明:a. 随着波高的增大,管段的位移和加速度均增大;b. 波浪周期较小时,加速度时程呈现高频和多峰值特征;c. 波高较小时,表面压力时程具有较多的高频成分,高频成分随着波高的增大而减少。

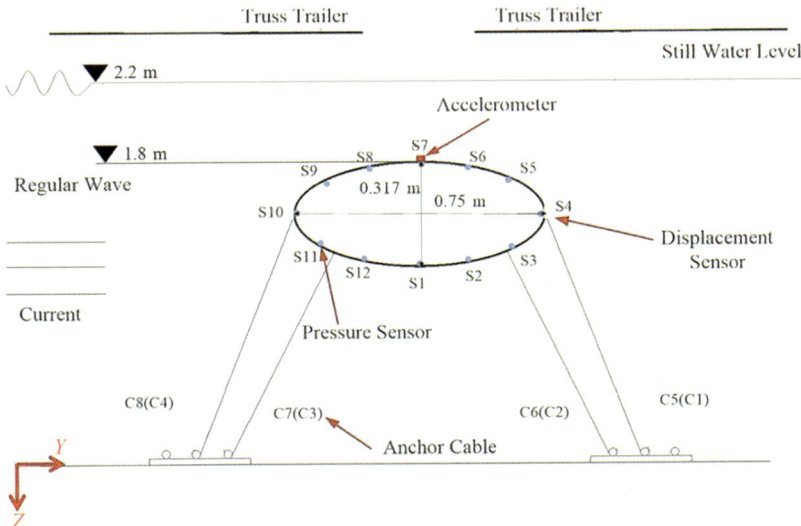

图 2.1.15　模型试验布置

潘文博(2021)和 Pan 等(2023)开展了畸形波作用下悬浮隧道管段动力响应试验(见图 2.1.16),以相同试验频谱为出发点,对比研究了含有畸形波的不规则波序列和不含畸形波的不规则波序列作用时,有限水深条件下二维悬浮隧道结构动力响应的时域和时频域特征。研究结果表明:a. 畸形波作用产生的动力响应显著大于波序列中除畸形波以外的最大波产生的动力响应,特别是各运动响应分量,畸形波作用下的运动响应最大值可达同一波序列中其他大波产生运动量最大值的数倍,远超过对应波高的比例;b. 系统纵荡、垂荡和纵摇运动放大系数受畸形波参数 α_1 影响显著,均随 α_1 的增大呈非线性增长;c. 迎浪侧锚索张力放大系数随畸形波参数 α_1 的增大而增大(接近线性增长),但锚索张力的放大效应显著小于运动响应放大效应;d. 畸形波作用于二维悬浮隧道后,各动力响应时频谱在一定时间频率区间内均出现显著的能量集中现象,时频谱最大值显著大于同谱不规则波的作用结果,且能量集中程度随 α_1 的增大呈非线性增大,同时各运动响应时频谱出现一定的高频能量成分;e. 畸形波作用于系统后的一定时段,系统纵荡、垂荡、纵摇运动和锚索张力广义能量谱均有"凸出"的峰值出现,"凸出"的峰值出现时刻与畸形波的发生时刻基本一致,且"凸出"部分均随畸形波参数 α_1 的增大显著增大;f. 畸形波对系统动力响应影响的时间长度整体超过畸形波的周期,系统纵荡、垂荡、纵摇和锚索张力时频谱大值出现的时间范围均随畸形波参数 α_1 的增大而增大(接近线性)。

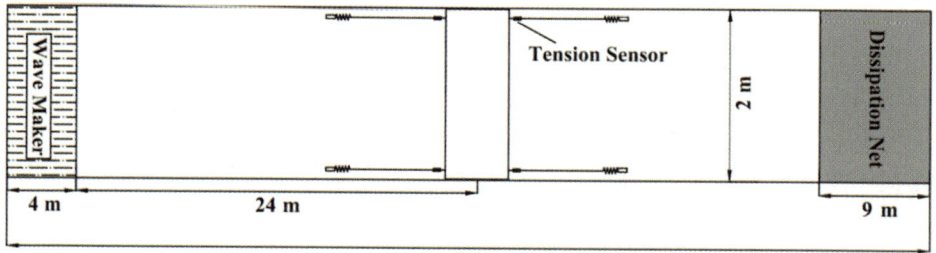

（a）俯视图

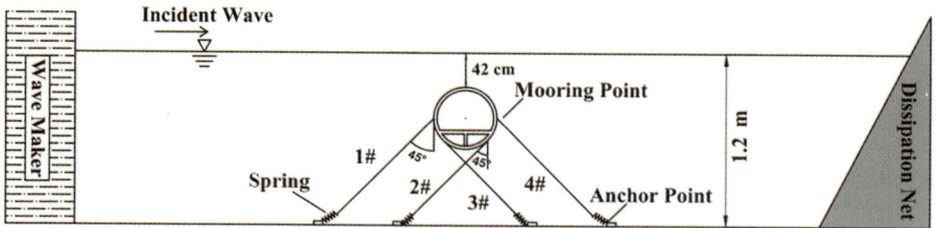

（b）侧视图

图 2.1.16　模型试验布置

Chen 等(2023)基于 N-S 方程和密度输运方程,在 FLUENT 中建立二维数值水槽与悬浮隧道模型,基于 eKdV 理论在入口边界生成凹陷内孤立波;根据牛顿第二运动定律建立二维悬浮隧道动力方程;忽略锚索的松弛及变形,建立位移几何协调方程;实现了内孤立波与悬浮隧道流固耦合模拟;模拟了内孤立波与固定、自由、锚索式悬浮隧道的耦合作用,并讨论了淹没深度、波幅、流体密度比对波浪场、悬浮隧道受力和运动的影响。研究结果表明:a. 悬浮隧道管段所受内孤立波波浪力与淹没深度、波幅、流体密度比密切相关;b. 锚索式悬浮隧道管段的横荡接近于浮桥结构的允许挠度限值,应仔细考虑。

(2) 水流荷载

葛斐等(2009)将悬浮隧道管段简化为轴对称刚体,将锚索简化为两端铰接空心圆截面梁,作用于锚索和管段的水流荷载通过 Morison 公式计算,建立了管段-锚索耦合二维运动方程,采用中心差分法求解。研究结果表明:a. 锚索长细比很大时,需要考虑锚索横向和轴向振动的耦合作用;b. 锚索的顺流向涡激振动对管段的横荡和横摇影响明显,对垂荡影响很小。

秦银刚等(2009)基于几何相似、弗劳德数相似和弹性相似,开展了水流作用下悬浮隧道弹性管段试验(见图 2.1.17);采用黑塑料制作悬浮隧道管段,几何比尺为 1 : 100,直径为 50 cm;采用钢丝绳制作锚索,直径为 1 mm;讨论了流速对管段应变和锚索张力的影响。研究结果表明:a. 迎流侧锚索张力随流速的增大基本呈线性增大;b. 对于管段环向应变,外侧较内侧大,迎流面较背流面大,顶面和底面相差不大;c. 对于管段轴向应变,内侧与外侧相差不大,迎流面较背流面小,顶面和底面相差不大。

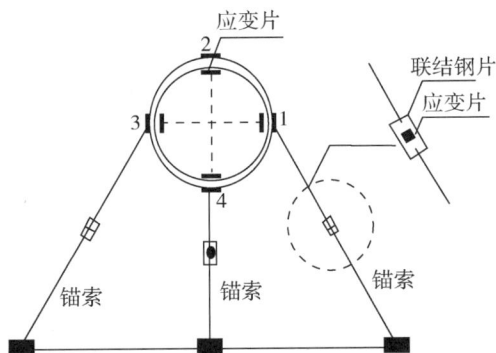

图 2.1.17　模型试验布置

(3) 波流共同作用

Wu 等(2021)开展了波浪、水流、地震联合作用下悬浮隧道管段试验[见图 2.1.18(a)]。根据 Cauchy 相似和弗劳德数相似设计管段物理模型,两端边界条件通过偏心布置的弹簧和阻尼模拟[见图 2.1.18(b)],弹簧刚度、阻尼大小和偏心距离通过数值模拟等效方法获得:在 ABAQUS 中建立悬浮隧道整体数值模型和管段数值模型,管段数值模型与物理模型设置相同,调整管段数值模型的弹簧刚度、阻尼大小和偏心距离,以满足运动和应力状态与整体数值模型吻合,从而得到等效边界条件参数,将等效边界条件应用于物理模型中。基于波流水槽和特殊设计的水下振动装置,研究了规则波、水流、地震作用下的悬浮隧道管段动力响应,讨论了波高和周期、流速、地震峰值加速度对锚索张力、管段位移和加速度的影响。研究结果表明:波浪、水流和地震共同作用下的悬浮隧道动力响应不是各荷载单独作用结果的简单叠加,具有较大的随机性和波动性,这可能是由荷载之间的复杂耦合作用引起的。

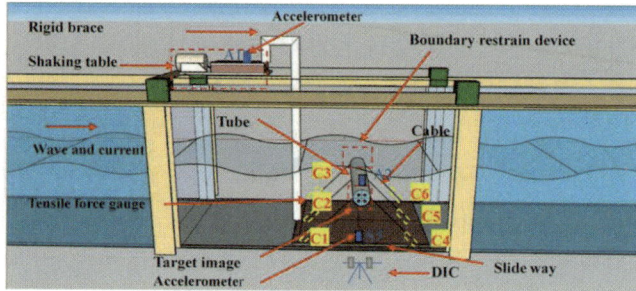

(a)模型试验布置

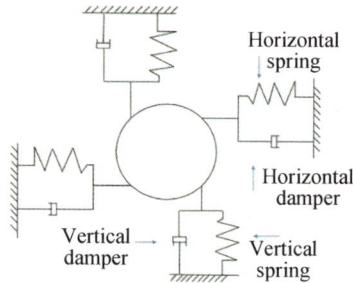

(b)端部边界模拟

图 2.1.18　模型试验布置及端部边界模拟

Wu 等(2021)开展了规则波和水流作用下锚索断裂后的悬浮隧道管段动力响应和连续倒塌现象试验研究[见图 2.1.19(a)],讨论了波高和周期、流速、浮重比、锚索初张力、断裂锚索位置对于锚索断裂后系统动力响应的影响。模型几何比尺为 1:150,管段采用有机玻璃制作,直径为 0.2 m,锚索采用钢丝绳制作;管段两端边界条件采用偏心布置的弹簧和阻尼器模拟;锚索断裂模拟装置[见图 2.1.19(b)]安装于锚索末端。研究结果表明:a. 在规则波和水流作用下,锚索断裂后,管段响应急剧增大,其运动轨迹变得不规则且不稳定,这是由波流耦合和锚索断裂冲击引起的复杂耦合效应导致的;b. 锚索断裂后,悬浮隧道系统失去对称性,会产生更明显的运动变化和冲击效应,所以为了降低锚索断裂导致的二次灾害风险,应通过系泊系统的设计和优化来保持承载的对称性和均匀性。

Wu 等(2023)提出了一种由三角形布置刚性连接的三圆管和包括纤维增强塑料刚性桁架的系泊系统组成的新型悬浮隧道,并开展了波浪和水流作用下新型三管悬浮隧道管段试验。试验几何比尺为 1:100,在规则波、不规则波、波流耦合工

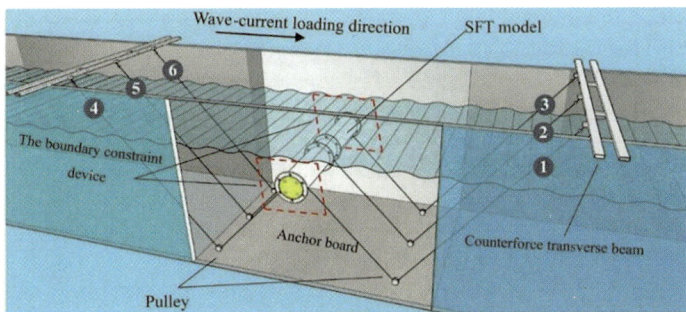

（a）模型试验布置

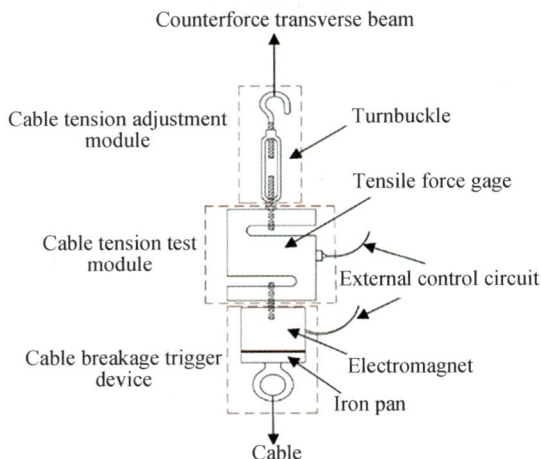

（b）锚索断裂模拟装置

图 2.1.19 模型试验布置及锚索断裂模拟装置

况下,分别测试了五种结构形式的悬浮隧道管段(见图 2.1.20)的动力响应;并讨论了波高、周期、流速,以及刚性桁架的形状、材料、安装形式的影响。研究结果表明:a. 新型悬浮隧道所有自由度的自振频率都大幅降低,能够避免与常规波浪频率共振,保证结构安全;b. 三管结构相对于单管结构整体抗倾覆能力提高,FRP 刚性桁架系泊系统增加了系泊刚度,使得新型悬浮隧道运动响应最小。

综上所述,关于波浪、水流、波流共同作用下的悬浮隧道系统局部动力响应的研究,目前采用的方法主要是物理模型试验和数值模拟。

物理模型试验中:对于管段,多数研究中制作的是刚性的悬浮隧道管段,管段两端自由,有少数研究考虑了管段的变形和端部约束边界条件;对于锚索,都是采用钢丝绳制作,不考虑其弹性变形,或者通过弹簧考虑锚索的弹性变形,试验中观测的主要是锚索的张力,未观测锚索振动。数值模拟中:对于管段仍然考虑为刚性;对于锚索,采用杆理论或梁理论模型,考虑了锚索的振动。

波浪荷载讨论了规则波、不规则波、畸形波、内孤立波,数值模拟研究中采用 Morison 公式或 CFD 方法计算波浪荷载。水流荷载讨论了均匀流,数值模拟研究中采用 Morison 公式计算水流荷载。

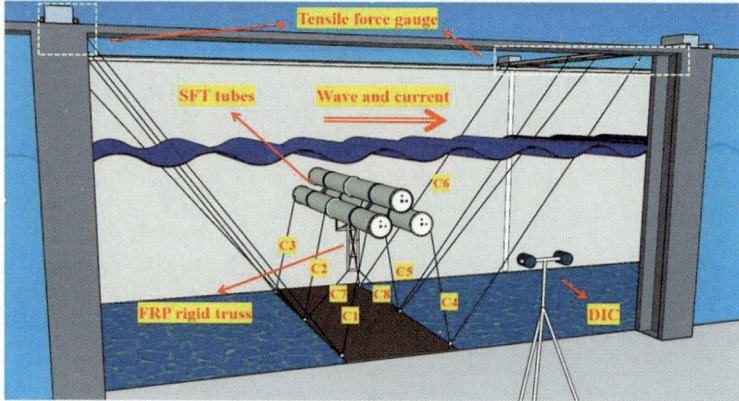

（a）试验布置

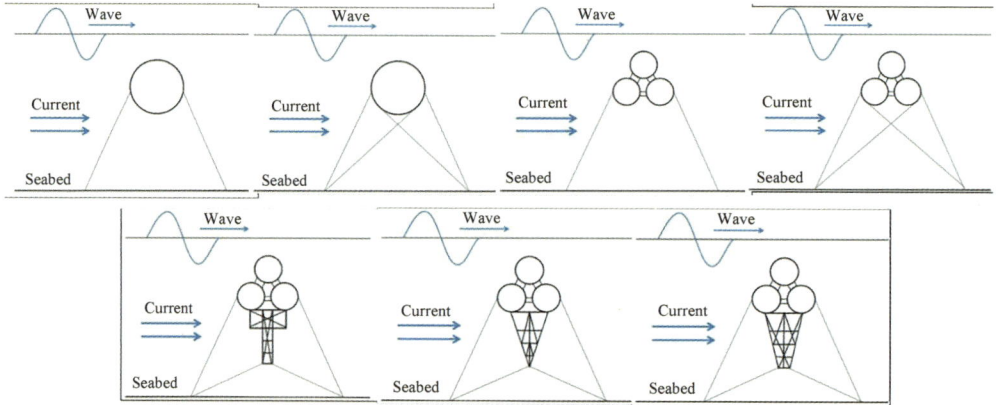

（b）不同管段断面及布索形式

图 2.1.20　模型试验布置

研究结果表明：a. 波浪作用下，管段的运动和表面压力、锚索张力随波高增大而增大，随淹没深度增大而减小；b. 波浪作用下，关于浮重比对管段运动的影响存在不同的结论，需要进行详细研究；c. 倾斜锚索对于管段运动的约束效果较好，但是倾斜锚索的约束会引起管段旋转。

悬浮隧道系统局部研究不能考虑细长管体的振动变形以及端部约束的作用，同时无法模拟真实复杂的海洋环境，因而无法准确地把握系统的整体响应规律。

2.1.3.2　三维动力响应研究

（1）波浪荷载

Brancaleoni 等（1989）建立了波浪和地震作用下悬浮隧道管体-锚索耦合振动有限元数值模型。波浪荷载通过 Airy 线性波理论和 Morison 公式计算；垂向地震引起的动水压力采用 Morison 公式计算，并基于土体线性行为考虑了土体-结构耦合。数值模拟了波浪、地震作用下锚索式和固定式悬浮隧道的动力响应,讨论了波高和浮重比的影响。研究结果表明:线性和非线性水动力、锚索几何非线性效应对悬浮隧道动力响应具有重要意义。

麦继婷等(2005,2008)将悬浮隧道管体和锚索都模拟为空间梁单元,波浪荷载通过线性波和势流理论计算,基于 CR 描述法(随体旋转法)建立了有限元动力方程,采用 Newmark-β 法求解。

Xu 等(2009)采用 ANSYS 数值模拟了波浪作用下悬浮隧道动力响应,基于 Stokes 五阶波理论和 Morison 公式计算波浪荷载,以 pipe59 单元模拟管体和锚索,讨论了浮重比、锚索刚度、净浮力对管体响应的影响。研究结果表明:浮重比的影响取决于质量矩阵和刚度矩阵的贡献程度,即浮重比的增大在某些设计中会引起管体动力响应增大,在其他设计中也可能导致管体动力响应减小。

Ge 等(2010)基于势流理论和边界元法计算波浪荷载,将悬浮隧道管体离散为壳单元,建立振动方程,采用振型叠加法求解,考虑了二十一阶模态。研究结果表明:端部应力松弛装置对轴向挠度影响最大。

Jin 等(2017)通过 OrcaFlex 建立了不规则波作用下非线性弹性管体-锚索耦合动力学数值模型,将管体和锚索模拟为一系列由线性、旋转无质量弹簧连接的集中质量,基于 Morison 公式计算波浪荷载,讨论了浮重比、淹没深度、锚索布置形式对锚索张力、管体运动和内力的影响。研究结果表明:a. 管体最大运动和锚索最大张力都发生在跨中位置,管体最大剪力和弯矩发生在两端;b. 在跨中位置,管体最大动剪力和动弯矩一般会随着浮重比的减小而增大,但在垂向系泊方式中管体的水平剪力在大浮重比时由于惯性效应也会增大。

Won 等(2018)提出了一种倒斜拉桥式悬浮隧道(见图 2.1.21),采用 ABAQUS-AQUA 建立了不规则波作用下悬浮隧道非线性有限元模型,管体和索塔采用非线性梁单元模拟,拉索采用桁架单元模拟,讨论了管体淹没深度、索塔塔腿倾角对管体运动、拉索张力及疲劳损伤的影响。研究结果表明:选择合适的管体淹没深度,可以有效地减小悬浮隧道整体动力响应。

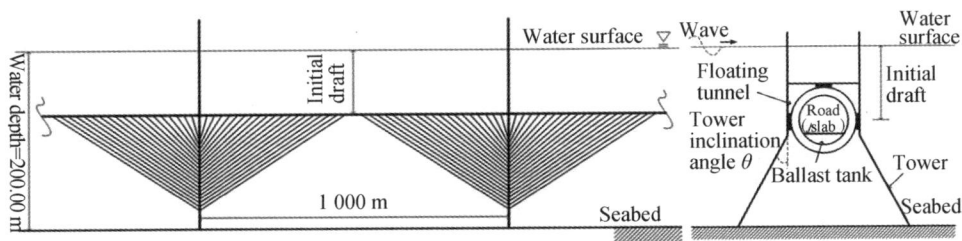

图 2.1.21　倒斜拉桥式悬浮隧道

Won 等(2019)提出了两种倒悬索桥式悬浮隧道(见图 2.1.22),采用 ABAQUS-AQUA 进行了不规则波作用下悬浮隧道数值模拟,讨论了波高、主缆倾角、管体浮重比、外径和安装深度对管体位移、加速度、内力和基础反力的影响。研究结果表明:a. 总体上,有中间锚碇的倒悬索式约束体系更为优越;b. 系统动力响应随波高和管体外径的增大而增大;c. 当浮重比或安装深度较小时,有中间锚碇的约束形式易发生吊索松弛。

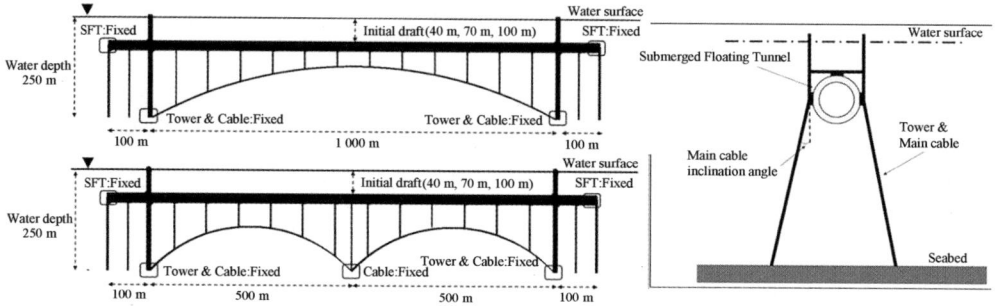

图 2.1.22　倒悬索桥式悬浮隧道

Won 等(2021)采用 OrcaFlex 进行了规则波和不规则波作用下倒斜拉桥式悬浮隧道时域数值模拟,采用梁单元给所有结构部件建模,基于 Morison 公式计算波浪荷载,讨论了管体外径和淹没深度、锚索刚度、索塔塔腿倾角对管体位移和锚索张力的影响。研究结果表明:a. 增大管体淹没深度可有效减小系统动力响应,但管体静压会因此增大;b. 管体运动响应随外径减小而显著减小,对于恶劣的波浪环境,建议采用双管式悬浮隧道;c. 管体最大位移随索塔塔腿倾角的增大,先增大后减小。

Jeong 等(2022)采用 ABAQUS-AQUA 软件数值模拟了不规则波作用下悬浮隧道动力响应,讨论了锚索间距和倾角对锚索张力、管体位移及内力的影响,并以强度和短期疲劳设计准则对锚索的安全性进行了判断。管体、锚索、锚索与管体的连接分别采用梁单元(B31)、桁架单元(T3D2)、多点约束(MPC)模拟,波浪荷载基于 Morison 公式计算。研究结果表明:a. 当锚索间距小于 40 m 时,无论锚索倾角取多少,锚索张力都满足强度设计准则;b. 随着锚索间距缩短和倾角增大,锚索短期疲劳累积损伤减小。

Won 等(2022)采用 OrcaFlex 软件数值模拟了波浪作用下倒悬索式悬浮隧道的动力响应,采用线单元模拟管体、索塔、主缆和悬索,基于 Airy 线性波理论和 Morison 公式计算波浪荷载,对倒悬索式悬浮隧道进行了自由振动分析和波浪作用下的时域分析。研究结果表明:管体和主缆耦合作用引起的调谐质量阻尼效应控制着管体的振动,主缆起到了调谐质量阻尼子质量的作用。

Kwon 等(2022)提出了一种基于人工神经网络(ANN)和数值传感器的智能监测系统以预测随机波浪作用下悬浮隧道的动力响应。人工神经网络模型中,输入层为数值加速度计和角度传感器的信号,输出层为悬浮隧道管体位移、弯矩和锚索张力,训练和测试数据集通过 OrcaFlex 时域水弹性耦合模拟生成。研究结果表明:通过数值传感器、数字孪生技术和机器学习算法实时监控预测悬浮隧道动力响应具有可行性。

Jin 等(2023)基于频域三维势流理论计算管体多体水动力系数和一阶、二阶波浪力,采用 Morison 公式计算锚索波浪力;基于离散模块梁方法,将悬浮隧道管体离散为由梁单元连接的刚体(见图2.1.23);基于多体 Cummins 方程和耦合刚度矩阵,建立时域多体运动方程;基于杆理论和高阶有限元方法模拟锚索,锚索与管体的连接通过线性弹簧模拟;建立了波浪作用下悬浮隧道管体-锚索水弹性耦合数值模型;研究了淹没深度、波浪条件、浮重比、二阶波浪力对管体位移、弯矩和锚索张力的影响。研究结果表明:a. 在淹没深度较小和管体外径与波长之比大于 0.2 的情况下,Morison 公式会高估高频水动力,这主要是由于自由面效应;Morison 公式不能准确地计入波浪垂向压力变化,导致波浪力的估算存在一定的误差。b. 恶劣波浪条件和较小的浮重比会引起锚索松弛,导致锚索中产生冲击张力和管体在固有频率处的大幅瞬态运动响应。c. 当淹没深度、管体抗弯刚度、锚索刚度较大时,二阶波浪力对悬浮隧道的动力响应影响较小。

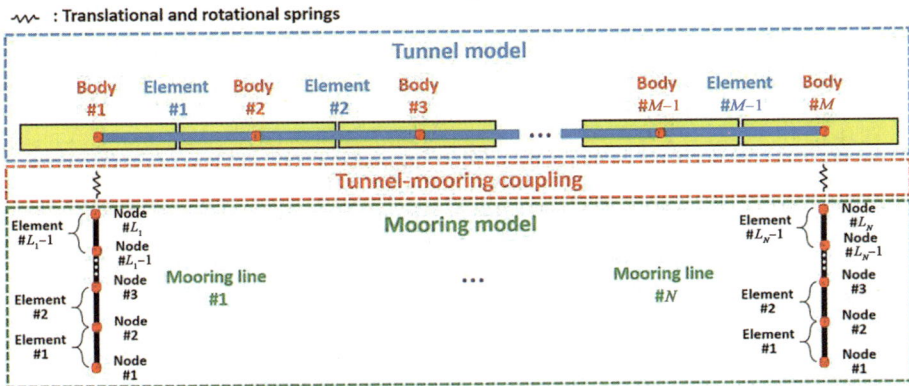

图2.1.23 悬浮隧道离散模块梁模型

Kim 等(2023)基于离散模块梁方法(Discrete Module Beam,DMB)建立悬浮隧道管体模型,采用 OrcaFlex 基于集中质量线模型模拟锚索,采用 WAMIT 软件基于三维绕射和辐射理论求解水动力荷载,采用 ABAQUS 软件进行三维结构有限元分析,通过 DMB-OrcaFlex-WAMIT-ABAQUS 时域耦合动力分析可以高效地得到波浪作用下悬浮隧道水弹性响应、动水压力及局部应力,讨论了浮重比、规则波周期对管体挠度和表面压力、锚索张力的影响。研究结果表明:a. 管体弹性运动引起的辐射压力能显著影响总动水压力,特别是在最低固有频率附近;b. 基于本文献中的方法,结合实测表面波和管体运动可以实现管体表面动压分布的重构。

Zou 等(2021)研究了内孤立波作用下悬浮隧道二维流场特征及三维整体动力响应。首先,采用 FLUENT 建立二维内孤立波水槽,基于 mKdV 理论和速度边界法生成内孤立波,讨论了波幅、管体与密度跃层的距离、管体断面形状、上下层流体密度比对于管体受力和流场形态的影响。然后,采用 LUSAS 建立悬浮隧道管体-接头-锚索原型尺度有限元模型,管体和锚索采用厚梁单元(BMS3)模拟,管段接头采用点接头单元(JSH4)模拟,每个接头的六自由度采用三个力弹簧和三个力矩弹簧模拟,将 FLUENT 计算的荷载假定为均布荷载输入,进行单向流固耦合计算得到悬浮隧道动力响应。研究结果表明:a. 与圆形和椭圆形断面相比,参数曲线形断面的流动分离和涡脱落最小,内孤立波作用力最小;圆形断面管体受力主要由涡脱落引起,参数曲线形断面管体受力主要由压力梯度引起。b. 内孤立波传播过程中,可能会引起管体浮重比的改变,并产生较大的速度梯度,从而显著改变管体垂向受力,这样的强流固耦合现象很有必要进行原型尺度模拟。c. 内孤立波对悬浮隧道的作用力与上下层流体密度比成正比。d. 内孤立波是长波,其频率远低于悬浮隧道的固有频率,不易发生共振现象。

Jin 等(2020,2021)开发了波浪和地震作用下悬浮隧道管体-锚索-列车时域耦合动力响应分析有限元程序,研究了车辆、波浪、地震荷载参数对系统耦合动力响应的影响,并讨论了车辆安全性。基于杆理论和 Galerkin 有限元法,建立悬浮隧道管体和锚索有限元模型,管段接头和锚索与管体的连接采用虚拟连接质量法,即通过六自由度无质量刚体、平移和旋转弹簧连接(见图 2.1.24),考虑了结构几何非线性;列车简化为通过线性弹簧和阻尼器连接的七刚体模型,基于轮-轨对应假设和 Kalker 线性蠕变理论考虑车辆-管体耦合,考虑了轨道不平顺激励;随机波浪荷载采用 Morison 公式计算;地震加速度时程采用谱表示法生成,考虑了地震的传播效应和非平稳性,地震荷载的作用通过两种方式考虑,一种是在锚索锚固点和管体端部施加地震加速度,另一种是采用修正的 Morison 方程估算垂向地震引起的水体动压力(海震效应)。研究结果表明:a. 与波浪和地震对悬浮隧道动力响应的影响相比,列车荷载的影响较小;b. 在波浪作用下,车辆的脱轨系数和卸载系数随着列车速度的增大而增大。

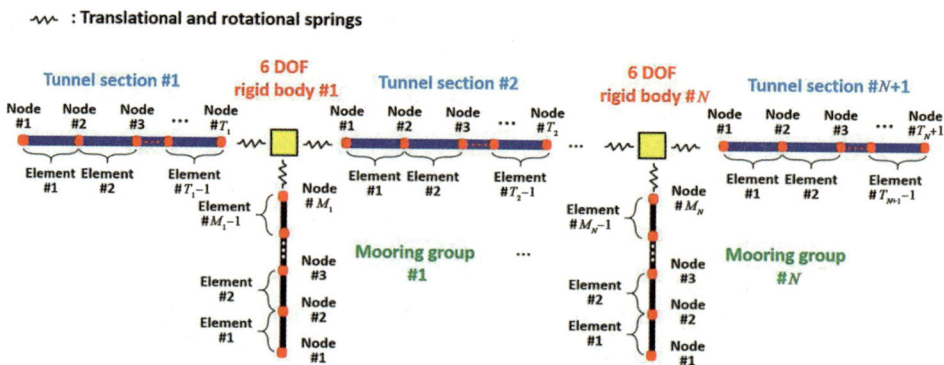

图 2.1.24　悬浮隧道及列车简化模型

Fogazzi 等(2000)开发了波浪和地震作用下悬浮隧道的动力响应分析程序。

悬浮隧道管体采用三维梁单元建模,忽略轴向变形和扭转;锚索采用五自由度平面铰接杆单元模拟,考虑了几何非线性和一阶振动模态;波浪荷载基于 Airy 线性波理论和 Morison 公式计算;随机地震运动基于谱表示法生成,考虑了地震波的几何非相干效应(由反射和衍射引起)和行波效应(由传播速度引起),地震作用通过土体–结构耦合效应加载,即在锚索底部插入横向、垂向弹簧和线性阻尼器;建立结构动力方程,通过 Newmark-β 法和 Newton-Raphson 迭代求解。进一步地,Pilato 等(2008)考虑了锚索三维振动模态,开发了八自由度平面铰接杆单元(见图 2.1.25);波浪荷载采用随机波浪,考虑了波流耦合,对波浪方向谱进行了修正;地震荷载考虑了三维效应,通过在管体两端和锚索底部插入三个方向的弹簧和线性阻尼器考虑土体–结构耦合效应。Pilato 等(2008)分别采用八自由度平面铰接杆单元和共旋坐标三维梁单元对锚索进行模拟。计算结果表明:a. 长锚索的弯曲振动频率较低,靠近隧道端部的短锚索会发生非线性振动;b. 波浪场的低频分量激发的管体横向振幅与在极端地震条件下检测到的振幅量级相同。

罗刚等(2021)建立了波浪和地震作用下悬浮隧道管体–锚索系统的耦合振动理论简化模型,讨论了波浪波高和周期、地震方向和大小对管体位移和弯矩、锚索位移和张力的影响。波浪荷载采用 Stokes 三阶波浪理论和 Morison 公式计算;将地震荷载的作用分解为对锚索轴向的张力影响和对锚索法向的惯性力影响,同时基于 Morison 公式考虑了海震效应。研究结果表明:随波高和波长的增大,系统响应整体呈线性增大趋势。

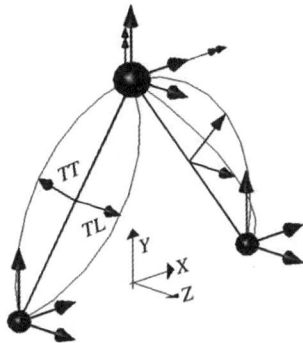

图 2.1.25　锚索八自由度平面铰接杆单元模型

Jin 等(2018)采用 Morison 公式计算随机波浪荷载;通过两种方式考虑地震荷载的作用,一种是在锚索锚固点和管体端部施加地震加速度,另一种是采用修正的 Morison 方程估算垂向地震引起的水体动压力(海震效应)。基于杆理论和 Galerkin 有限元法,建立了悬浮隧道管体和锚索有限元模型,管段接头和锚索与管体的连接采用虚拟连接质量法,即通过六自由度刚体(无质量)、平移和旋转弹簧进行连接。研究了极端波浪(波高 11.7 m,周期 13 s)和地震作用下管体位移和锚索张力。

Jin 等(2021)采用 OrcaFlex 建立了随机波浪和地震作用下悬浮隧道数值模型,

基于 Morison 公式计算随机波浪荷载,通过在每根锚索锚固点和管体两端同时输入地震位移时程模拟地震作用;采用线单元模拟管体和锚索,通过虚拟连接刚体(无质量)和旋转弹簧实现管段接头及管段与锚索的连接;讨论了管体长度、浮重比、淹没深度对系统动力响应的影响。研究结果表明:a. 当环境荷载较温和时,锚索张力主要由静张力控制,减小浮重比可有效减小锚索张力,但是过小的浮重比可能会导致锚索松弛引起冲击张力;b. 通过延长管体长度和锚索间距,可显著降低固有频率,这是减少目标环境条件下动态响应的重要考虑因素。

(2)水流荷载

麦继婷等(2005,2008)将悬浮隧道管体和锚索模拟为空间梁单元,采用 Morison 公式计算水流荷载,基于 CR 描述法(随体旋转法)建立了有限元动力方程,通过 Newmark-β 法求解。

项贻强(2012)和 Xiang 等(2013)将悬浮隧道管体简化为简支梁,将锚索简化为标准弦,仅考虑均匀流对锚索的涡激升力,建立了管体-锚索耦合振动方程,求解中锚索和管体均取一阶振动模态,讨论了流速、锚索倾角、浮重比、水动力系数对锚索和管体振动的影响。研究结果表明:a. 无阻尼参数共振时,能量在管体和锚索之间周期性传递,锚索和管体的振动具有"拍"的特征;b. 水体阻力不能显著减小锚索的最大瞬态振幅,结构固有阻尼能显著减小锚索的最大瞬态振幅,两者都能使振动迅速衰减;c. 与 C_m 和 C_d 相比,管体和锚索的振动对 C_l 的变化比较敏感。

(3)波流共同作用

Remseth 等(1999)基于 N-S 方程和多体有限元求解规则波和定常流作用下的二维悬浮隧道流固耦合问题,得到了惯性力、阻尼力和激振力系数,然后在时域内求解悬浮隧道整体动力方程,讨论了波浪方向、管体线形、短峰波对悬浮隧道动力响应的影响。研究结果表明:a. 无论是直线形还是曲线形悬浮隧道,最大响应有可能发生于波浪入射方向与悬浮隧道轴向不垂直时;b. 对于垂向曲线形悬浮隧道,在长峰波作用下的弯矩对波向有很高的敏感性,短峰波会减弱波向的影响;c. 当分解到管体轴线上的入射波的波长与管体固有模态的波长一致时,会激发出最大的"空间共振"。

Muhammad 等(2017)采用三维梁单元模拟悬浮隧道管体,采用桁架单元模拟锚索,开发了波浪、水流和地震作用下悬浮隧道有限元模型(其中,波浪和水流荷载通过 Morison 公式计算,地震运动同步加载于所有锚索锚固点),比较了波浪、水流和地震荷载作用下管体的挠度和弯矩,并讨论了锚索布置形式的影响。研究结果表明:在波浪和水流作用下,管体瞬态运动响应较小且衰减较快,稳态运动主要控制结构响应。

Chen 等(2018)将悬浮隧道管体简化为简支梁,将锚索简化为张紧弦,建立了波浪和水流作用下悬浮隧道管体-锚索耦合振动方程(其中,波浪为线性波,通过

Morison 公式计算,仅考虑波浪对管体的作用;水流为均匀流,通过升力公式计算,仅考虑水流对锚索的作用;求解中仅考虑了管体和锚索的一阶振动模态),讨论了波高和周期、流速、管体浮重比和淹没深度、锚索倾角各因素对管体位移、锚索位移及张力的影响。研究结果表明:a. 锚索的涡激振动能激发系统的共振;b. 耦合振动会在一定程度上抑制锚索的位移,也会导致锚索张力发生显著变化;c. 管体浮重比和锚索倾角共同决定悬浮隧道固有频率,系统的参数振动对浮重比的变化更为敏感,建议浮重比大于 0.7,锚索倾角取 45°左右。

Won 等(2021)采用 ABAQUS-AQUA 软件数值模拟了不规则波和水流作用下双圆管悬浮隧道动力响应,讨论了锚索布置形式、浮重比、双管间距、流速、波陡对管体位移和锚索张力的影响。管体和锚索、双管连接梁、锚索与管体连接、波面分别采用梁单元(B31)、桁架单元(T3D2)、多点约束(MPC)、四边形面单元(SFM3D4)模拟,波浪和水流荷载基于 Morison 公式计算。研究结果表明:a. 倾斜系泊悬浮隧道在大波陡情况下会发生锚索松弛,运动响应急剧增大;b. 浮重比对管体垂荡影响较大;c. 随着双管间距延长,横向惯性矩增大,横荡减小;d. 随着流速和波陡增大,管体横荡增大。

Liu 等(2022)将悬浮隧道管体简化为简支梁,将锚索简化为线性张紧弦,建立了波浪和水流作用下悬浮隧道管体-锚索耦合振动方程,其中,波浪采用线性波理论描述,波浪和水流荷载通过 Morison 公式计算,耦合振动方程通过 Newmark-β 法求解。

Zou 等(2022)采用 Delft3D-FLOW 和 SWAN 建立大尺度海洋水动力模型,用于模拟台风等极端海洋条件;将沿悬浮隧道轴向的三维流场离散为二维流体条带,采用 FLUENT 建立二维悬浮隧道模型,将大尺度海洋水动力模型计算得到的波面和流速作为入口边界条件,计算得到作用于悬浮隧道轴向不同位置上的水动力荷载;采用 LUSAS 建立悬浮隧道管体-接头-锚索有限元模型,管体和锚索采用厚梁单元(BMS3)模拟,管段接头采用点接头单元(JSH4)模拟,每个接头的六自由度采用三个力弹簧和三个力矩弹簧模拟,水动力环境通过附加质量考虑,将 FLUENT 计算的水动力荷载作为输入条件,计算得到悬浮隧道动力响应;研究了规则波、均匀流、台风作用下圆形和 Bézier 曲线形断面悬浮隧道动力响应。研究结果表明:a. 管体的最大位移与波浪周期不存在正相关关系,随着波浪周期的缩短,管体会激发更高的振动模态;b. 与多模态振动相比,发生单模态主导振动时管体位移较大;c. 采用 Bézier 曲线形断面,可以有效减小水动力荷载和结构动力响应;d. 在台风条件下,由于多模态耦合作用,管体振动呈现出驻波和行波模式,沿管体轴向作用力的变化可能会引起管段接头和端部接头的疲劳损伤。

综上所述,目前关于波浪、水流、波流共同作用下的悬浮隧道系统整体动力响应的研究,采用的方法主要是数值模拟和解析方法。

在采用数值模拟方法的研究中,通过商业软件或者自开发软件,将悬浮隧道管体模拟为梁单元、杆单元、壳单元、管单元、线单元、弹簧连接集中质量单元、梁连接刚体单元;将锚索模拟为梁单元、杆单元、管单元、线单元、桁架单元、弹簧连接集中质量单元;主要基于 Morison 公式或势流理论计算波浪荷载,基于 Morison 公式计算水流荷载,有少数研究采用二维 CFD 计算得到波浪或水流荷载作为有限元模拟的输入条件。

在采用解析方法的研究中,将悬浮隧道管体简化为梁,将锚索简化为梁或弦;波浪和水流荷载都是通过 Morison 公式、建立悬浮隧道系统耦合振动方程、振型叠加法等方法求解。

研究结果表明:a. 波浪作用下,增大淹没深度,可以有效地减小悬浮隧道整体动力响应,但会增大管体所受水体静压;b. 波浪作用下,管体运动响应随外径减小而显著减小,对于恶劣的波浪环境,建议采用双管式悬浮隧道;c. 在大波陡情况下倾斜系泊悬浮隧道会发生锚索松弛,恶劣波浪条件和较低浮重比会引起锚索松弛;d. 水流作用下,锚索的涡激振动能激发系统的共振。

以上的数值模拟和解析方法研究中,多数模型仍然未能考虑悬浮隧道管体的大断面和薄壁性质以及隧道内部结构,只考虑了管体的整体动力行为,过多地简化会导致计算结果的真实性不够,也不能有效分析其局部动力响应,不利于具体的设计。讨论到的荷载较为简单、常规,均为规则波、不规则波、均匀定常流,对于波流荷载的非线性、空间非均匀性和时变性等考虑不足,不能完全符合实际的复杂的海洋环境。

关于波流作用下的悬浮隧道系统整体动力响应的物模试验研究较少,因为悬浮隧道整体试验需要大型深水波浪水池,对试验场地、设备和模型制作要求极高,且成本较高。然而,对于悬浮隧道这样的大型新型系统,通过物理模型试验研究才有助于更好地掌握其动力响应规律。

≫ ≫ 2.2　悬浮隧道系统优化设计研究现状

对于悬浮隧道系统优化设计,现有研究主要针对隧道截面形状、浮重比、淹没深度、端部约束、锚索布置形式、锚索刚度、锚索倾角、锚索间距等参数展开,将悬浮隧道的动力响应控制在安全稳定的范围内,确保悬浮隧道系统和内部车辆及行人的安全。

2.2.1　截面形状影响

李勤熙等(2018,2019)研究了规则波和不规则波作用下断面分别为圆形、椭圆形、八边形(见图2.2.1)的悬浮隧道的表面压强分布,三种断面悬浮隧道的可容纳交通量一致。研究结果表明:从压强分布均匀性来看,圆形>椭圆形=八边形;从压强幅值绝对值来看,圆形>八边形>椭圆形;从压强差来看,椭圆形>八边形>圆形。在水深较大时,可选择压强分布较为均匀的圆形断面;当水深中等时,可选择水力性能较好的椭圆形断面;当水深中等偏大时,可选择椭圆形断面;而当水深较小时,可考虑选择具有最优断面布置空间的八边形断面。

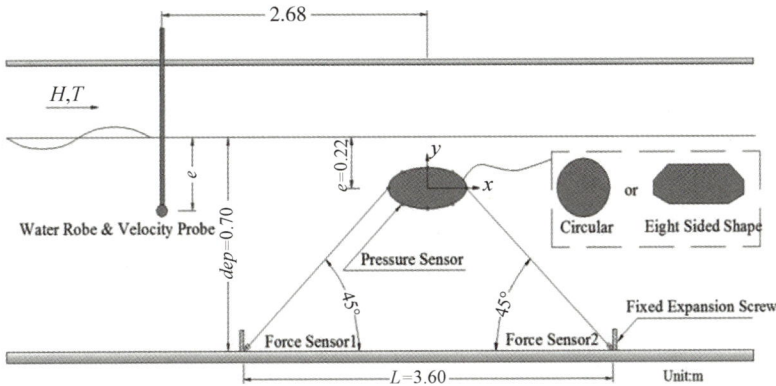

图 2.2.1　圆形、椭圆形、八边形悬浮隧道断面

刘宇等(2020)由数值模拟得到规则波作用下四种断面型式分别为圆形、椭圆形、耳形和双圆形断面(见图2.2.2)的二维悬浮隧道运动响应,四种断面面积相同。研究结果表明:a. 椭圆形断面悬浮隧道的横荡随波浪频率的变化最为平缓且位移值较小;b. 圆形断面悬浮隧道的垂荡随波浪频率的变化最为平缓;c. 共振频率处,各断面位移差异显著。

Zou 等(2020)模拟海啸和台风发生后的波浪和水流,将其作为入口边界条件导入 CFD 模型,采用 FLUENT 评估了圆形、椭圆形、Bézier 曲线形断面悬浮隧道的水动力特性(见图2.2.3)。研究结果表明:由于具有流线型形状,Bézier 曲线形断面悬浮隧道的顺流向水动力荷载和尾流区域最小,涡脱落周期和振幅最小。

Zou 等(2020)基于 Bézier 曲线设计了悬浮隧道断面(见图2.2.4),采用 CFD 数值模拟,在均匀流条件下,讨论了 Bézier 曲线对固定长宽比断面悬浮隧道 C_l、C_d、S_t 及表面压力分布的影响。以 C_d 平均值和 C_l 均方根值为控制目标,基于混合反向传播-遗传算法对 Bézier 曲线进行了优化。研究结果表明:悬浮隧道断面上下对称且呈流线型缓变时,C_d 平均值和 C_l 均方根值较小。

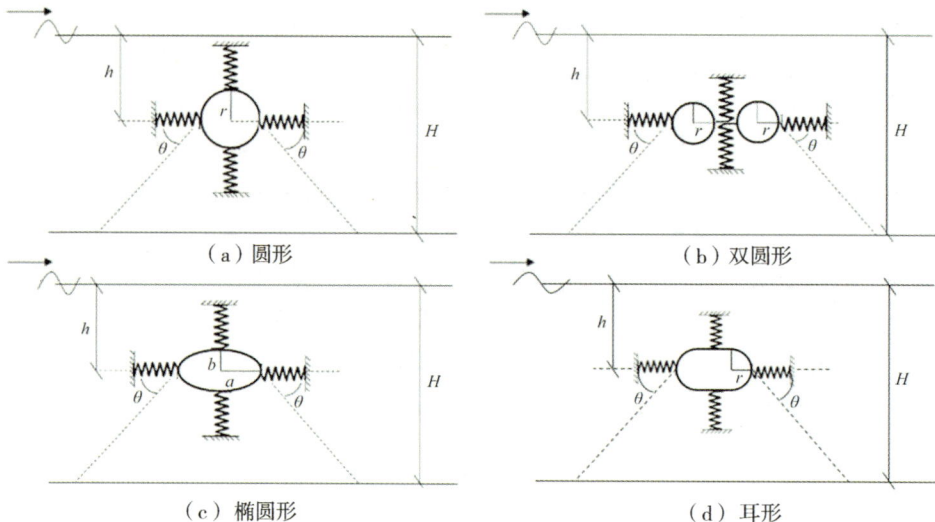

（a）圆形　　　　　　　　　　　　　　（b）双圆形

（c）椭圆形　　　　　　　　　　　　　　（d）耳形

图 2.2.2　四种悬浮隧道断面

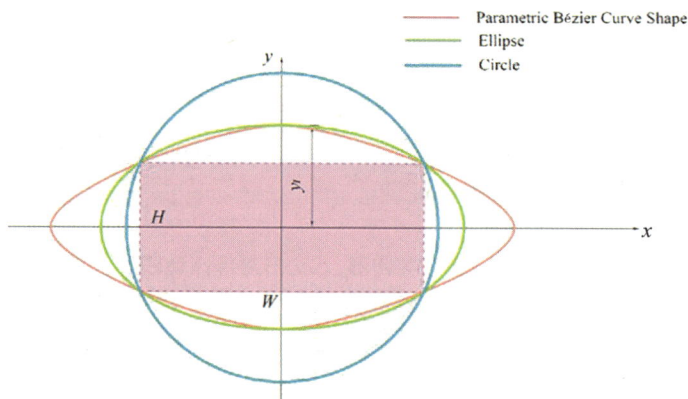

图 2.2.3　圆形、椭圆形、Bézier 曲线形断面悬浮隧道

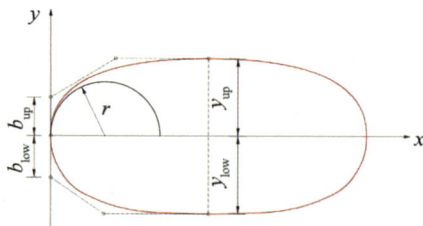

图 2.2.4　Bézier 曲线形悬浮隧道断面

Zou 等（2021）基于 Bézier-PARSEC（BP）曲线设计了两种断面悬浮隧道（见图 2.2.5），采用 FLUENT 数值模拟，在双向非定常流动条件下，讨论了不同长宽比情况下悬浮隧道断面水动力性能。研究结果表明：a. 前缘（Leading-edge）BP 曲线形断面悬浮隧道的水动力性能比后缘（Trailing-edge）BP 曲线形断面更好；b. 为避免较大的流动分离,建议断面高宽比不超过 0.47。

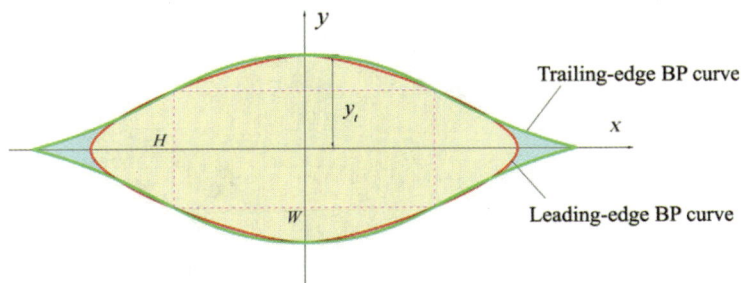

图 2.2.5　Bézier 曲线形悬浮隧道断面

Zou 等(2021)通过 CFD 和有限元方法数值模拟了内孤立波作用下圆形、椭圆形和 Bézier 曲线形断面悬浮隧道二维流场特征。研究结果表明:与圆形和椭圆形断面相比,Bézier 曲线形断面的流动分离和涡脱落最小,内孤立波作用力最小;圆形断面管体受力主要由涡脱落引起,Bézier 曲线形断面管体受力主要由压力梯度引起。

Kim 等(2022)试验研究了规则波和不规则波作用下单圆管、双圆管悬浮隧道管段的位移和加速度(见图 2.2.6)。研究结果表明:a. 与单圆管相比,双圆管悬浮隧道的锚索动张力和管段最大位移减小,这是由于双圆管截面的特征尺度 D 较大,引起 C_d 急剧减小,从而导致管段受到的水动力减小;b. 在不规则波作用下,双圆管悬浮隧道锚索动张力极端峰值的发生数量增大,这是因为 D 的增大引起 Re 数增大,管段周围的湍流特性变强,这也增大了由于结构的非线性力和湍流运动导致的结构破坏的可能性;c. D 的增大还减小了波高对于结构响应的影响,但相对扩大了周期的影响。

Zou 等(2022)通过 CFD 和有限元方法数值模拟了均匀流、规则波作用下圆形和 Bézier 曲线形断面悬浮隧道动力响应(见图 2.2.7)。研究结果表明:采用 Bézier 曲线形断面可以有效减小水动力荷载。

Zou 等(2023)通过试验和数值模拟研究了定常流($Re = 8.125 \times 10^3 \sim 5.25 \times 10^4$)、规则波和波流耦合作用下圆形、Bézier 曲线形悬浮隧道管段的水动力特性(见图 2.2.8),并考虑了表面粗糙(海生物附着)的影响。研究结果表明:a. 在不同的断面形状下,边界层分离位置对水动力有重要影响;b. 曲线形断面具有流线型的形状,从而诱导更晚的分离和更小的尾流,更有利于其减阻;c. 相比于圆形断面管段,Bézier 曲线形断面管段的横向 C_m 较小,垂向 C_d 和 C_m 较大。

Wu 等(2023)通过试验研究了规则波、不规则波、波流耦合作用下单圆管和三角形布置刚性连接的三圆管悬浮隧道管段动力响应(见图 2.2.9)。研究结果表明:三圆管结构相对于单圆管结构提高了整体抗倾覆能力。

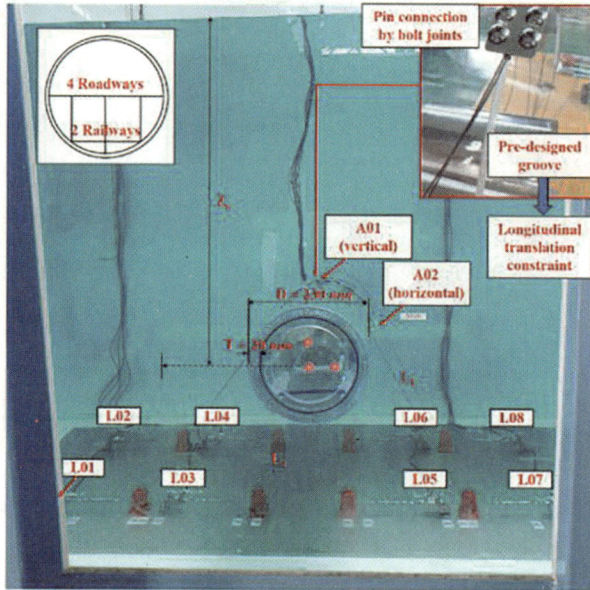

（a）单圆管

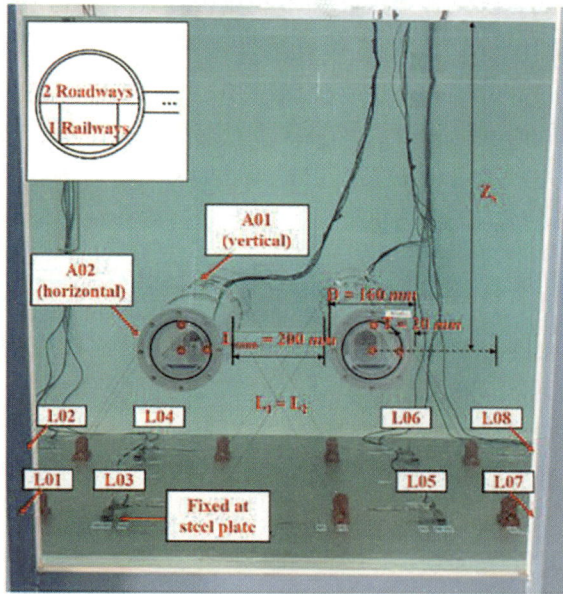

（b）双圆管

图 2.2.6　单圆管、双圆管悬浮隧道断面

综合以上研究可以得到关于悬浮隧道断面的共识：a. 上下对称且流线型缓变的悬浮隧道断面，可以有效减小水动力荷载和结构动力响应；b. 多管悬浮隧道的抗倾覆能力增大，动力响应减小。

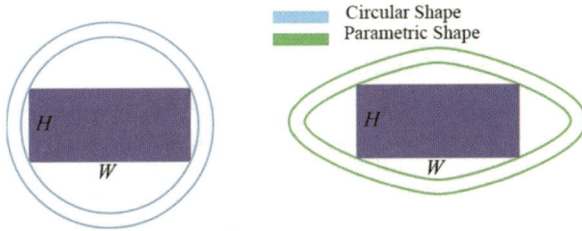

图 2.2.7 圆形和 Bézier 曲线形悬浮隧道断面

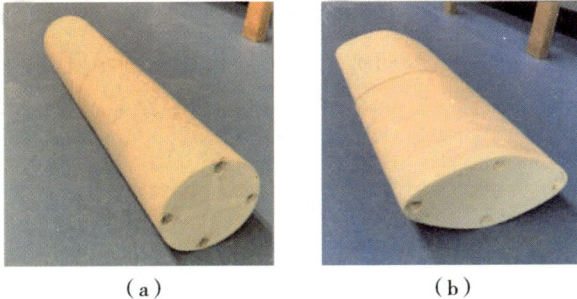

（a） （b）

图 2.2.8 圆形和 Bézier 曲线形断面悬浮隧道管段模型

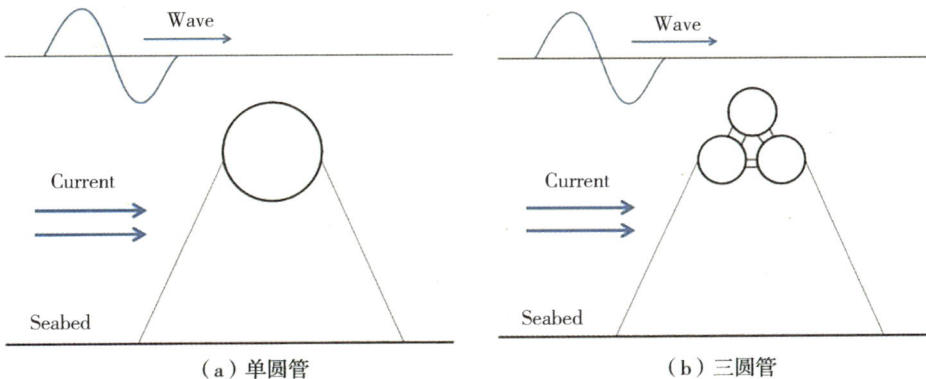

（a）单圆管 （b）三圆管

图 2.2.9 单圆管和三圆管悬浮隧道断面

2.2.2 浮重比影响

葛斐等（2008）研究了规则波作用下悬浮隧道管段位移和锚索应力,讨论了浮重比(1.17、1.41、1.77)的影响。研究结果表明:SFT 浮重比增大,锚索中的预张力减小,锚索的弯曲刚度减小,SFT 的横荡位移和管段的横摇角增大。结构的垂荡位移主要是由预张力引起的,浮重比增大,垂荡位移呈减小的趋势,同时锚索中的应力极值随之减小。

Xu 等（2009）采用 ANSYS 数值模拟了波浪作用下悬浮隧道动力响应,讨论了浮重比(1.1、1.2、1.3、1.4、1.5、1.6、1.7、1.8、1.9)的影响。研究结果表明:浮重比的

37

影响取决于质量矩阵和刚度矩阵的贡献程度,即浮重比的增大在某些设计中会引起管体动力响应增大,在其他设计中也可能导致管体动力响应减小。

Lu 等(2011)研究了规则波作用下悬浮隧道锚索的张力,重点考虑了锚索的松弛现象及受到的冲击张力。管体浮重比和锚索倾角在不同组合下的锚索松弛-张紧(见图 2.2.10)表明浮重比主导锚索倾角的影响范围。

项贻强等(2012)和 Xiang 等(2013)研究了均匀流作用下悬浮隧道管体-锚索耦合振动,讨论了浮重比(1.25、1.33、1.43、1.54、1.67、1.82、2.00)的影响。研究结果表明:浮重比对管体和锚索的最大振幅影响不大。

Oh 等(2013、2017)通过试验研究了规则波作用下的单圆管和双圆管悬浮隧道管段运动,讨论了浮重比(1.1、1.3、1.5)的影响。研究结果表明:管段位移总体上随浮重比的增大而增大。

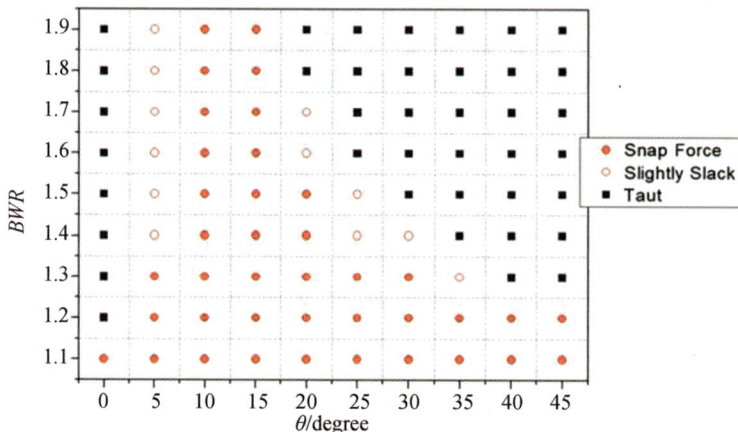

图 2.2.10　锚索松弛-张紧图($H = 12$ m, $T = 15$ s)

Jin 等(2017)通过 OrcaFlex 数值模拟了不规则波作用下两端固支悬浮隧道的管体运动和内力及锚索张力,讨论了浮重比(1.1、1.3、1.5、1.7)的影响。研究结果表明:在跨中位置,管体最大动剪力和动弯矩一般会随着浮重比的减小而增大,但也可能出现例外,垂向系泊中管体的水平剪力在大浮重比时由于惯性效应也会增大。

Xiang 等(2017)采用解析法和有限元法研究了冲击荷载作用下悬浮隧道的空间动力响应,讨论了浮重比(1.0、1.2、1.4、1.6、1.8、2.0)对管体跨中位移的影响。研究结果表明:浮重比的增大会导致管体的最大位移和固有频率增加。

Lin 等(2018)研究了均匀定常流作用下悬浮隧道管体-车辆耦合振动响应,讨论了浮重比(1.2~1.8)对管体跨中位移的影响。研究结果表明:浮重比影响结构固有频率,建议浮重比取 1.5 左右。

Xiang 等(2018)采用解析法和有限元法研究了局部单根锚索断裂后悬浮隧道动力响应,讨论了浮重比(1.11、1.25、1.43、1.54、1.67、2.00)对结构振动的影响。研究结果表明:随着浮重比减小,锚索断裂处的位移近似线性减小。

Chen 等(2018)研究了均匀流和线性波作用下悬浮隧道管体-锚索耦合动力响应,讨论了管体浮重比和锚索倾角对管体位移、锚索张力的影响。研究结果表明:管体浮重比和锚索倾角共同决定悬浮隧道固有振动频率,系统的参数振动对浮重比的变化更为敏感,推荐浮重比应小于1.43。

Lin 等(2019)研究了车辆荷载和锚索参数激励下车辆-管体-锚索耦合振动响应,讨论了浮重比(1.11～2)对管体竖向挠度和弯矩的影响。研究结果表明:随着浮重比增大,管体挠度和弯矩增大。

郭晓玲等(2020)数值模拟了水流作用下二维悬浮隧道的运动和受力,讨论了浮重比(1.1、1.3、1.5、1.7、1.9)的影响。研究结果表明:Re 数对发生"锁定"的区间影响不大;对于不同浮重比的悬浮隧道,浮重比对振动幅值和受力特性影响不大,仅对个别频率下的升力系数有较大影响。建议在悬浮隧道设计时应使结构远离该自振频率,但是这对引起"锁定"的区间有一定影响。当浮重比较小时,其发生"锁定"的区间较大,因此建议设计时在保证锚索张力安全的情况下,尽量避免选取较小的浮重比,这样既可以节省成本,又可以缩短"锁定"区间。

Jin 等(2020)数值模拟研究了波浪作用下悬浮隧道管段一阶和二阶运动及张力腿张力,讨论了浮重比(1.2、1.35、1.5)的影响。研究结果表明:浮重比对管段运动影响不大,但对锚索张力影响较大。

Yang 等(2020)试验研究了规则波作用下悬浮隧道管段运动,讨论了浮重比(1.03、1.538、1.9)的影响。研究结果表明:随着浮重比增大,管段运动减小。

Chen 等(2021)数值模拟了波浪作用下二维悬浮隧道的管段位移和锚索张力,讨论了浮重比(1.1、1.2、1.3、1.4、1.5、1.6、1.7、1.8)的影响。研究结果表明:a. 管段运动与浮重比的相关性是抛物线形的,当浮重比接近于1.6 且管段运动响应最大。b. 当浮重比接近于1.1 时,锚索有松弛的风险;当浮重比接近于1.6 且在恶劣波浪条件下时,锚索也可能松弛。

Jin 等(2021)采用 OrcaFlex 研究了浮重比(1.05、1.10、1.15、1.20、1.25、1.30)对波浪和地震作用下悬浮隧道动力响应的影响。研究结果表明:a. 当环境荷载较温和时,锚索张力主要由静张力控制,减小浮重比可有效减小锚索张力,但是过小的浮重比可能会导致锚索松弛引起冲击张力;b. 当环境荷载较大时,锚索动态变得非常重要,需要增大管体浮重比。

Jin 等(2023)数值模拟了规则波和随机波作用下的悬浮隧道管体-锚索水弹性耦合响应,讨论了浮重比(1.1、1.2、1.3)对管体位移、弯矩和锚索张力的影响。研究结果表明:恶劣的波浪条件和较低的浮重比会引起锚索的松弛,从而导致锚索中产生冲击张力和管体在固有频率处的大幅瞬态运动响应。

Yang 等(2023)试验研究了规则波作用下单自由度弹性截断边界悬浮隧道管段的位移、加速度、波浪力,基于试验数据和 Morison 公式,通过最小二乘法拟合得

到了惯性力系数 C_m、管段相对位移与浮重比(1.00、1.06、1.13、1.22、1.32、1.43)的关系公式。研究结果表明:随着浮重比增大,管段最大相对位移减小,沿运动方向的波浪力减小。

综合以上研究可以得到关于悬浮隧道管体浮重比的共识:浮重比主要影响锚索初张力,从而改变悬浮隧道整体固有频率,悬浮隧道管体位移与浮重比的关系呈抛物线形。

2.2.3 淹没深度影响

Cifuentes 等(2015)研究了规则波作用下淹没深度对悬浮隧道管段运动和锚索张力的影响。研究结果表明:管段运动和锚索张力随淹没深度的增大而减小。

Won 等(2018)采用 ABAQUS-AQUA 研究了不规则波作用下倒斜拉式悬浮隧道的动力响应,讨论了管体淹没深度对管体运动、拉索张力及疲劳损伤的影响。研究结果表明:合适的淹没深度可以有效地减小悬浮隧道整体动力响应。

Chen 等(2018)研究了均匀流和线性波作用下淹没深度对管体位移及锚索张力的影响。研究结果表明:管体的位移随着淹没深度增大而减小。

Deng 等(2020)研究了淹没深度对双圆管悬浮隧道管段顺流向拖曳力的影响。该研究定义了一个新参数来研究自由表面对任意条件下涡激振动响应幅值和拖曳力的影响:

$$h' = \frac{1}{Ur^*} = \frac{hf_n}{U} = \frac{h}{D} \cdot \frac{1}{Ur} \tag{2.2.1}$$

无量纲参数中考虑了淹没深度 h、管径 D、固有频率 f_n 和流速 U 的影响,可用来判断在特定的淹没深度和流速下是否需要考虑自由表面效应。研究结果表明:新参数的临界值为 0.55,当 $h' < 0.55$ 时,双圆管的涡激振动响应幅值和拖曳力均随着淹没深度的减小而减小;当 $h' > 0.55$ 时,基本保持不变。

Yang 等(2020)通过试验研究了规则波作用下淹没深度对管段运动的影响。研究结果表明:随淹没深度的增大,管段运动显著减小。

Chen 等(2021)数值模拟了波浪作用下淹没深度对管段位移和锚索张力的影响。研究结果表明:管段运动和锚索张力随淹没深度的增大而减小。

Won 等(2021)采用 OrcaFlex 研究了规则波和不规则波作用下倒斜拉式悬浮隧道动力响应,讨论了淹没深度对管体位移和锚索张力的影响。研究结果表明:增大淹没深度可有效减小系统动力响应,但是管体静压会因此增大。

Jin 等(2023)基于离散模块梁方法,建立了规则波和随机波作用下的悬浮隧道管体-锚索水弹性耦合数值模型,评估了淹没深度对管体位移、弯矩和锚索张力的影响。研究结果表明:a. 在管体淹没深度较小和管体外径与波长之比大于 0.2 的情况下,Morison 公式会高估高频水动力,主要是由于自由面效应;Morison 公式不能准确地计入波浪在垂直方向上的压力变化,导致波浪力的估算存在一定的误差。b. 当淹没深度较大时,二阶波浪力对悬浮隧道的动力响应影响较小,随着淹没深度变浅,二阶差频波浪力会对动力特性有明显影响。

综合以上研究可以得到关于悬浮隧道淹没深度的共识:a. 波浪作用下,随着淹没深度增大,系统动力响应减小;b. 水流作用下,在一定的淹没深度以内,管体涡激振动响应幅值和拖曳力均随着淹没深度的减小而减小;c. 增大淹没深度会增大管体所受静压。

2.2.4 端部约束影响

Luo 等(2021)研究了冲击荷载作用下悬浮隧道管体−锚索−车辆耦合振动响应,讨论了端部约束刚度对耦合系统动力响应的影响。研究结果表明:随着端部约束刚度的增大,系统位移减小,跨中锚索和边缘锚索张力比增大。

Gao 等(2022)采用解析方法研究了移动荷载作用下悬浮隧道管体动力响应,将悬浮隧道管段简化为 Euler-Bernoulli 梁,管段接头简化为抗弯弹簧,管体端部接头简化为线性弹簧和抗弯弹簧,讨论了端部约束条件对管体挠度和弯矩的影响。研究结果表明:a. 边界条件对中间跨的位移和弯矩影响较小,对边跨的响应影响较大。b. 当边界条件简化为简支时,边跨的负弯矩会被忽略而正弯矩会被夸大;当边界条件简化为固支时,边跨的负弯矩会大大增加而正弯矩会被低估。

Wang 等(2022)研究了端部约束形式、无因次端部轴力、无因次长度对冲击荷载作用下悬浮隧道动力响应的耦合影响。研究结果表明:a. 当无因次长度小于 10 时,悬浮隧道固有频率受到端部约束和管体长度的耦合影响,端部约束对低阶固有频率影响较大,管体长度对高阶固有频率影响较大。b. 当无因次长度不大于 1 时,管体最大挠度受端部约束影响很大;当无因次长度大于 100 时,端部约束对管体最大挠度几乎没有影响。c. 端部施加的轴力与无因次长度耦合影响悬浮隧道固有频率和最大挠度,当无因次长度在 0.1~5 000 时,小于 10 的无因次轴力对固有频率和最大挠度的影响是有限的。d. 不同端部约束情况下,管体最大加速度都随无因次长度增大呈负指数下降。

2.2.5 锚索布置形式影响

Oh 等(2013,2017)试验研究了规则波作用下双圆管悬浮隧道管段动力响应,讨论了不同布索形式(见图 2.2.11)对管段运动和表面压力、锚索张力的影响。研究结果表明:CD0 布索形式约束效果最佳,管段的位移最小,张力腿受力分布均匀且较小。

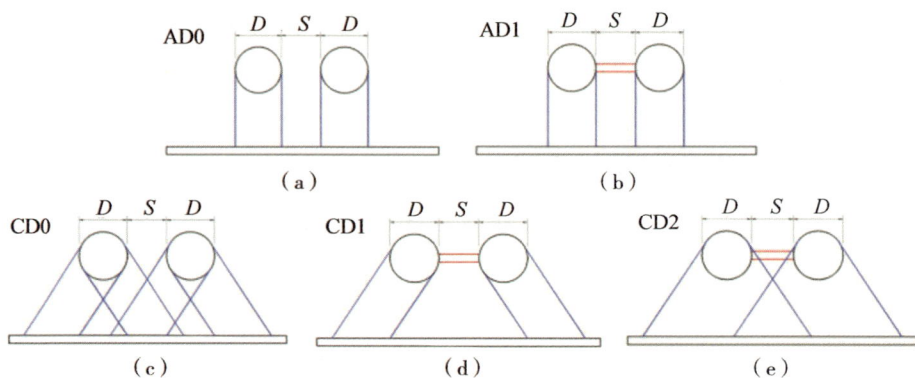

图 2.2.11　布索形式(一)

Seo 等(2015)试验研究了规则波作用下悬浮隧道管段动力响应,讨论了布索形式(见图 2.2.12)的影响。研究结果表明:垂直布索管段在波浪作用下振荡严重,而 W 形布索管段较为稳定。

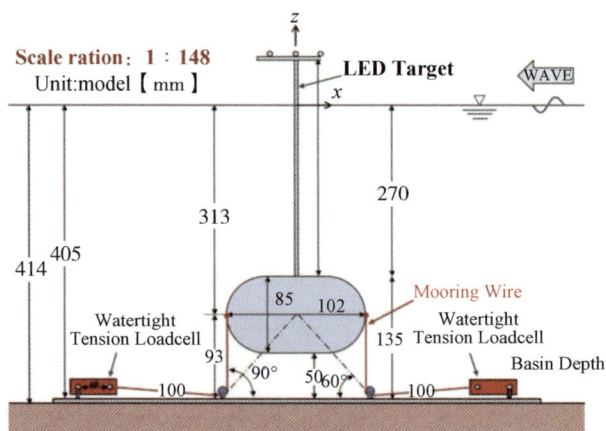

(a)垂直布索

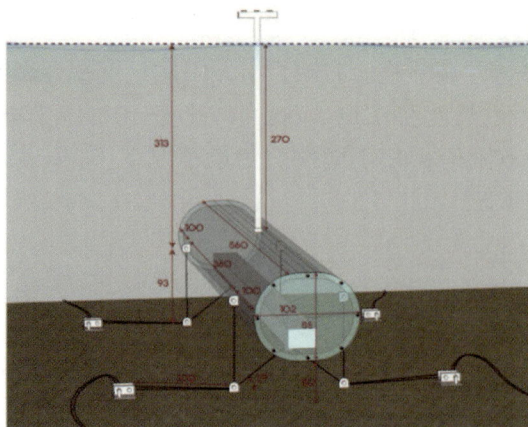

(b)W形布索

图 2.2.12　布索形式(二)

Cifuentes 等(2015)数值模拟研究了规则波作用下不同布索形式(见图2.2.13)的悬浮隧道管段动力响应。研究结果表明:倾斜布索在限制管段运动方面更有效。

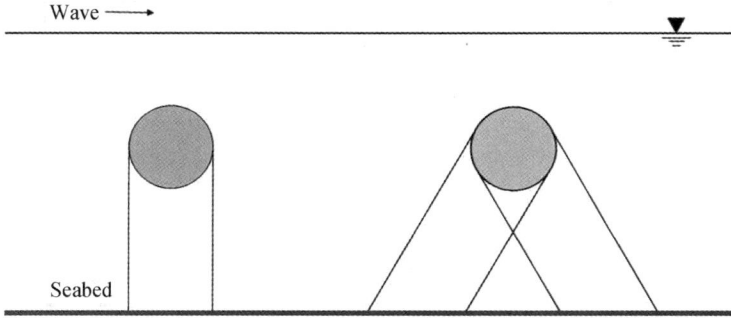

图 2.2.13　布索形式(三)

Lee 等(2017)采用 OrcaFlex 和 CHARM3D 软件数值模拟了波浪和地震作用下悬浮隧道管段的动力响应,讨论了布索形式(见图2.2.14)对管段运动和锚索张力的影响。研究结果表明:水平地震对倾斜锚索动张力影响较大,垂直地震对倾斜和垂直锚索动张力影响都很大。

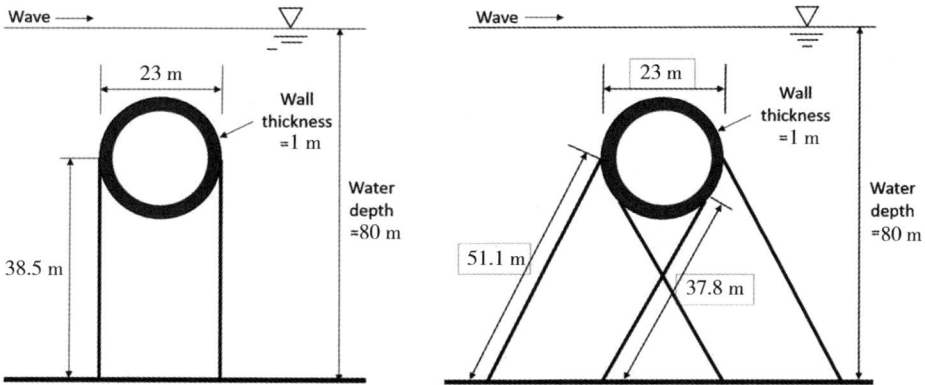

图 2.2.14　布索形式(四)

Muhammad 等(2017)数值模拟了波浪、水流和地震作用下悬浮隧道动力响应,讨论了锚索布置形式(见图2.2.15)对管体的位移和弯矩的影响。研究结果表明:布索形式③约束效果最好。

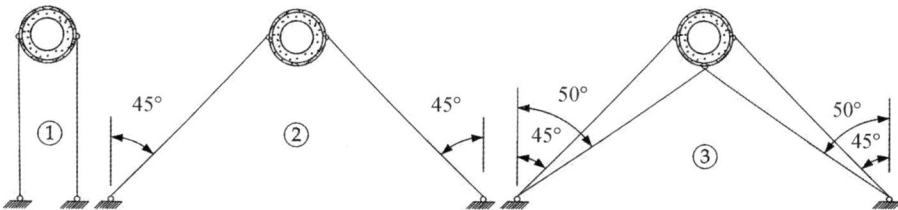

图 2.2.15　布索形式(五)

　　Jin 等（2017）采用 OrcaFlex 软件数值模拟了不规则波作用下两端固支悬浮隧道的动力响应，讨论了锚索布置形式（见图 2.2.16）对锚索张力、管体运动和内力的影响。研究结果表明：a. 垂向布索形式悬浮隧道横荡较大；b. 倾斜布索形式悬浮隧道的运动以垂荡为主，易发生锚索松弛而引起冲击张力。

（a）

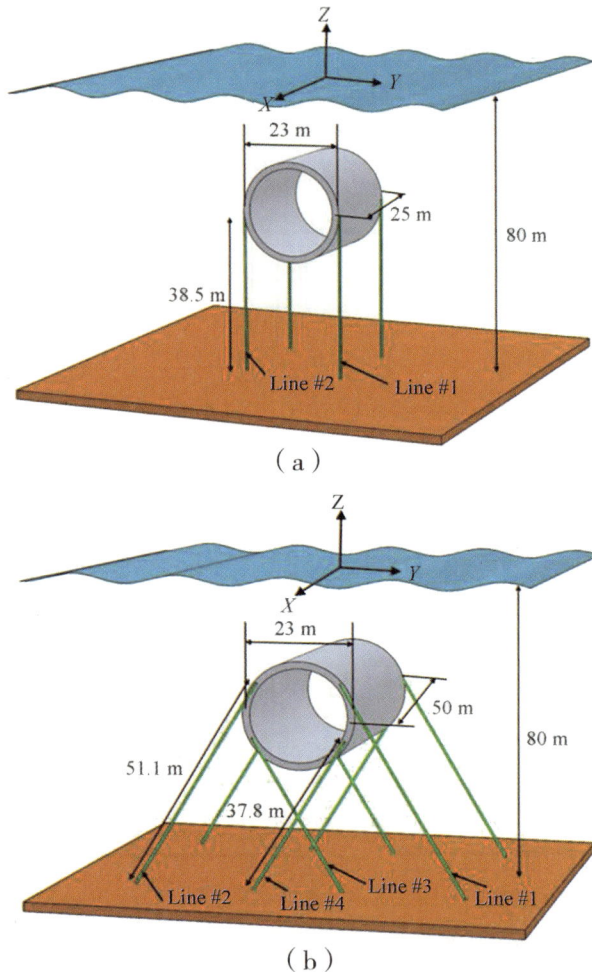

（b）

图 2.2.16　布索形式（六）

　　Won 等（2019）提出了两种倒悬索式悬浮隧道布置方案（见图 2.2.17），采用 ABAQUS-AQUA 研究了不规则波作用下悬浮隧道动力响应。研究结果表明：a. 总体上，有中间锚碇的倒悬索式约束体系更为优越；b. 当浮重比较小或安装深度较小时，有中间锚碇的倒悬索式约束体系易发生吊索松弛。

　　Won 等（2021）提出了倒斜拉式悬浮隧道布置方案（见图 2.2.18），采用 OrcaFlex 研究了规则波和不规则波作用下悬浮隧道动力响应。研究结果表明：在恶劣波浪环境下，倒斜拉式悬浮隧道的表现可被接受。

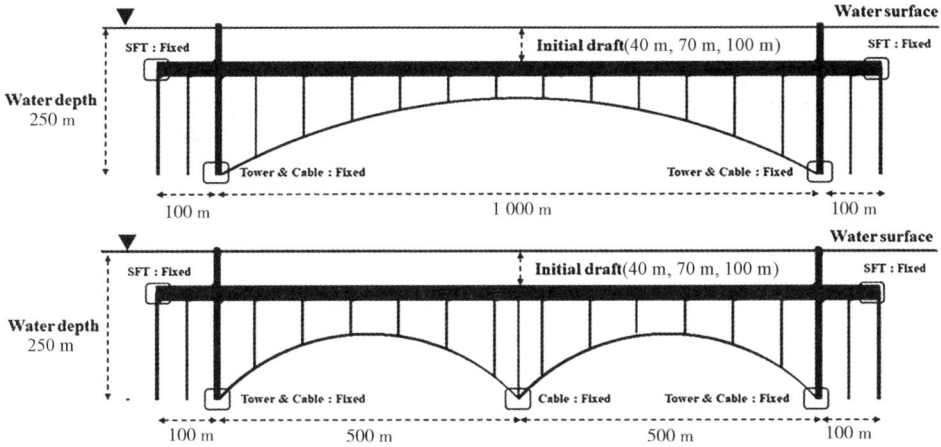

图 2.2.17 倒悬索式布索形式

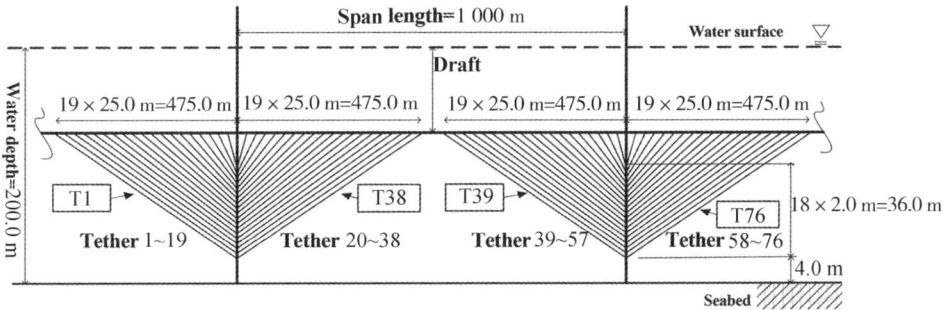

图 2.2.18 倒斜拉式布索形式

Won 等(2021)采用 ABAQUS-AQUA 数值模拟研究了不规则波和水流作用下双管悬浮隧道动力响应,讨论了锚索布置形式(见图 2.2.19)对管体位移和锚索张力的影响。研究结果表明:a. 水流作用下,垂直布索悬浮隧道横荡较大;b. 大波陡波浪作用下,倾斜布索悬浮隧道锚索会发生松弛。

Wu 等(2023)提出了一种由三角形布置刚性连接的三圆管和包括刚性桁架的系泊系统组成的新型悬浮隧道,并开展了规则波、不规则波、波流耦合作用下悬浮隧道管段动力响应试验,讨论了布索形式(见图 2.2.20)的影响。研究结果表明:a. 新型悬浮隧道所有自由度的自振频率都大幅降低,能够避免与常规波浪频率共振,保证结构安全;b. 刚性桁架系泊系统增加了系泊刚度,使得新型悬浮隧道运动响应较小。

综合以上研究可以得出关于悬浮隧道布索形式的共识:a. 垂直布索悬浮隧道在波浪和水流荷载作用下横荡较大;b. 倾斜布索悬浮隧道的约束效果较好,但是易发生锚索松弛从而引起锚索冲击张力。

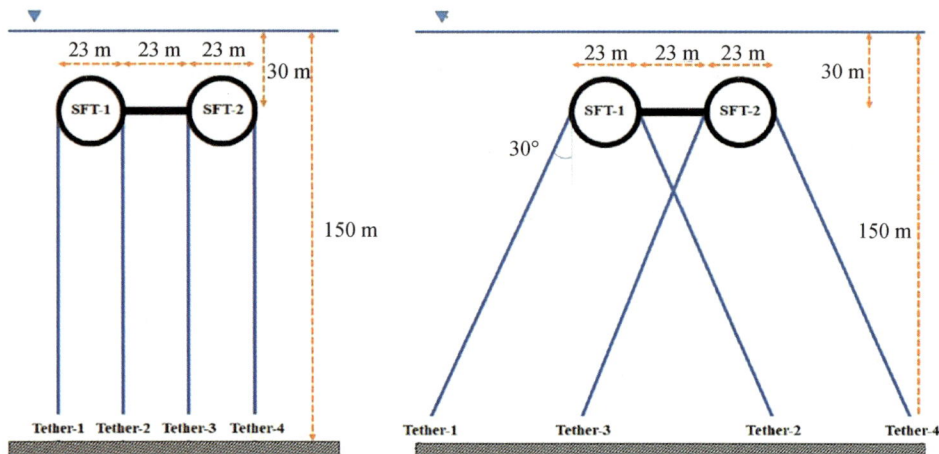

图 2.2.19　布索形式(七)

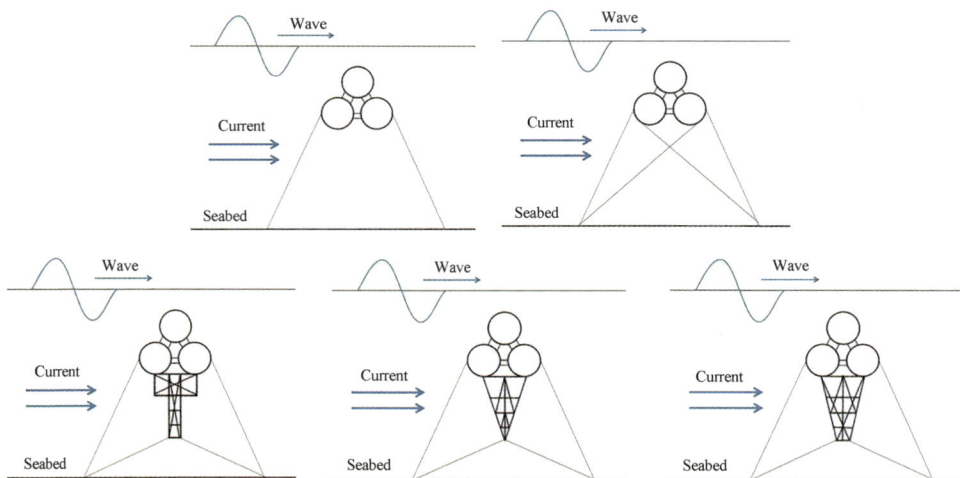

图 2.2.20　布索形式(八)

2.2.6　锚索刚度影响

Tariverdilo 等(2011)研究了移动荷载作用下锚索刚度对悬浮隧道动力响应的影响。研究结果表明:增加锚索刚度可以大大减小移动荷载作用下管体挠度的动态放大。

张嫄等(2016)研究了冲击荷载作用下张力腿刚度对管体跨中位移的影响。研究结果表明:冲击荷载作用下,张力腿竖向刚度对悬浮隧道的位移响应具有显著的抑制作用,但这种抑制作用具有极限性。在合理的范围内,增大张力腿竖向刚度可有效减小管体振动,但超出范围后,继续增大竖向刚度对减振效果不明显。在悬浮隧道设计过程中,需综合分析,考虑张力腿竖向刚度的最佳取值。

Xiang 等(2017)采用解析法和有限元法研究了冲击荷载作用下悬浮隧道的空间动力响应,讨论了锚索刚度对管体跨中位移的影响。研究结果表明:锚索刚度的增加会减小冲击位置的位移,缩小冲击荷载的影响范围,也可以减小水阻力的影响。

项贻强等(2018)研究了移动荷载作用下锚索刚度对管体跨中位移冲击系数和加速度的影响。研究结果表明:a. 锚索对移动荷载冲击效应具有一定的抑制作用;b. 改变锚索刚度对结构低阶自振频率影响大,对高阶自振频率影响小。

罗刚等(2020)研究了水下爆炸冲击波作用下锚索刚度对管体跨中位移、速度、加速度的影响。研究结果表明:锚索刚度在一定区间内能显著地改变管体位移,但锚索刚度存在一个高效作用区间,当刚度在区间内时,能显著地改变隧道管体的位移,当刚度在区间外(或大或小)时,对位移的影响不明显。

Akbarzadeh 等(2021)采用解析法和有限元法研究了非同步地震激励下悬浮隧道动力响应,讨论了锚索刚度对管体位移和弯矩的影响。研究结果表明:随着锚索刚度增大,管体最大挠度呈先增后减趋势。

Luo 等(2021)研究了水下爆炸荷载作用下两端锚索支撑刚度对管段位移的影响。研究结果表明:a. 锚索支撑刚度较小时,管段端部位移较大;b. 随着锚索支撑刚度的增大,管段对荷载的敏感性增大,振动频率增大。

林亨等(2022)研究了随机车流作用下锚索刚度对管体振动加速度的影响。研究结果表明:管体振动加速度均方值随锚索竖向刚度增大而增大。

Gao 等(2022)研究了移动荷载作用下锚索刚度对悬浮隧道管体挠度和弯矩的影响。研究结果表明:当沿程锚索刚度不同时,锚索对管体位移和弯矩的影响在刚度较低的位置会变弱,而在刚度较高的位置会变得十分显著。

综合以上研究可以得出关于悬浮隧道锚索刚度的共识:a. 增大锚索刚度,可以提高其对悬浮隧道动力响应的约束作用,但是增大锚索刚度有一定的高效作用区间;b. 增大锚索刚度会增大悬浮隧道系统自振频率,提高对荷载的敏感性。然而以上研究中的荷载没有考虑到波流荷载,关于波流荷载作用下悬浮隧道锚索刚度的优化有待研究。

2.2.7 锚索倾角影响

Lu 等(2011)研究了规则波作用下锚索倾角对锚索张力的影响。研究结果表明:不同管体浮重比和锚索倾角组合下的锚索松弛-张紧图表明浮重比主导锚索倾角的影响范围。

罗刚等(2012)研究了水流作用下锚索倾角对锚索张力和跨中位移的影响,研究考虑了流体-结构偶联效应和悬浮隧道锚索的几何非线性特点,建立了悬浮隧道锚索非线性振动方程,并通过 ANSYS 有限元软件的二次编程,在时域内实现了方程求解。研究结果表明:锚索的倾斜角度对锚索的轴力和位移的影响基本一致,随着角度的增大,轴力和位移均先减小后增大。

Xiang 等(2017)采用解析法和有限元法研究了冲击荷载作用下锚索倾角对管体跨中位移的影响。研究结果表明:锚索倾角影响约束刚度,推荐锚索倾角取值 $45°\sim60°$。

Lin 等(2018)研究了均匀定常流作用下锚索倾角对管体位移和弯矩的影响。研究结果表明:a. 锚索倾角越大,竖向刚度越大,竖向位移和弯矩的冲击系数越小;b. 相较于流速和浮重比,锚索倾角影响更大。

Chen 等(2018)研究了均匀流和线性波作用下锚索倾角对管体位移、锚索位移及张力的影响。研究结果表明:管体浮重比和锚索倾角共同决定悬浮隧道固有振动频率,推荐锚索倾角取 $45°$ 左右。

Lin 等(2019)研究了车辆荷载和锚索参数激励下车辆-管体-锚索耦合振动响应,讨论了锚索倾角对管体挠度和弯矩的影响。研究结果表明:随着锚索倾角增大,管体挠度和弯矩增大,且弯矩的增大幅度较大,较大的倾角会导致较大的锚索张力波动。

Yang 等(2020)试验研究了规则波作用下锚索倾角对管段运动的影响。研究结果表明:随着锚索倾角增大,管段运动幅度增大。

Chen 等(2020)采用 FLUENT 数值模拟了规则波作用下锚索倾角对悬浮隧道动力响应的影响。研究发现:当锚索倾角在 $35°\sim45°$ 时,管段运动和锚索张力相对较小;当锚索倾角在 $45°\sim67°$ 时,管段运动剧烈,锚索有松弛的风险。

刘宇等(2020)数值模拟了规则波作用下锚索倾角对悬浮隧道管段横荡和垂荡的影响。研究结果表明:随着锚索倾角增大,横荡方向的约束刚度减小,位移变大,共振频率变小,共振峰值向低频方向移动;垂荡的规律相反。

Yang 等(2021)研究了车队偏心荷载作用下悬浮隧道管体跨中位移,讨论了锚索安装角度的影响。研究结果表明:当锚索安装角度不是 $90°$ 时,管体水平运动和扭转会发生耦合效应,随着安装角度的减小,水平位移和扭转角逐渐增大。

Jeong 等(2022)采用 ABAQUS 数值模拟了波浪作用下锚索倾角对悬浮隧道管段位移及内力、锚索张力的影响。研究结果表明:a. 当锚索间距小于 40 m 时,无论锚索倾角取多少,锚索张力都符合强度设计准则;b. 随着锚索间距缩短和倾角增大,锚索短期疲劳累积损伤减少;c. 只有当锚索倾角为 $45°$ 时,倾斜锚索才不会松弛。

综合以上研究可以得到关于悬浮隧道锚索倾角的共识:锚索倾角影响水平方向和竖直方向的约束刚度分配,推荐锚索倾角取 $45°$ 左右。

2.2.8　锚索间距影响

Kang 等(2016)研究了涡激振动和地震共同作用下锚索间距对管体位移及内力、锚索张力的影响。研究结果表明:a. 随着锚索间距的缩短,管体最大位移和所有锚索的约束力减小;b. 随着锚索间距的缩短,管体振动表现出更强的周期性。

Luo 等(2021)研究了水下爆炸和车辆荷载耦合作用下锚索间距对管体位移、锚索张力的影响。研究结果表明:a. 在管体长度相同的情况下,增大锚索间距会削弱悬浮隧道的抗振性能,使跨中锚索承受较大的张力;b. 在锚索间距相同的情况下,延长管体长度可以在一定程度上减小结构位移。

林亨等(2022)研究了随机车流作用下悬浮隧道车–隧耦合振动响应。研究结果表明:a. 悬浮隧道在高流量的随机车流荷载作用下发生剧烈的车–隧耦合振动;b. 悬浮隧道的 $L/4$ 和 $L/2$ 位置的加速度均方值 a_{rms} 服从正态分布的概率分布形式,且 $L/2$ 位置受到更明显的随机车流荷载作用影响;c. 降低断面锚索竖向刚度和延长锚索布置间距能够改善悬浮隧道的耦合振动竖向加速度幅值,但改善效果呈边际效应递减的趋势。

Jeong 等(2022)采用 ABAQUS 数值模拟了波浪作用下锚索间距对悬浮隧道管段位移及内力、锚索张力的影响。研究结果表明:a. 当锚索间距小于 40 m 时,无论锚索倾角取多少,锚索张力都符合强度设计准则;b. 随着锚索间距缩短和倾角增大,锚索短期疲劳累积损伤减少。

Wang 等(2022)研究了冲击荷载作用下无因次锚索间距对悬浮隧道管体自振频率、挠度和加速度的影响。研究结果表明:a. 锚索数量的增加导致管体最大挠度的减小和主频率的增大,其影响受端部约束和管体长度的制约。b. 当无因次长度小于 1 时,管体最大挠度和主频率随锚索数量的增加呈线性变化;当无因次长度超过 10 时,呈负指数变化。

现有研究可以得到关于悬浮隧道锚索间距的共识:随着锚索间距缩短,系统约束刚度增大,管体位移和锚索张力会减小,但是系统的自振频率会增大。

3 模型相似及力学基础理论

相似理论是流体力学模型试验的理论依据,也是对流体现象进行理论分析的一个重要手段。学习并掌握流体相似理论,在模型设计时将流体相似理论作为依据,指导我们如何设计模型,在分析模型试验结果时将它作为把试验结果引申到原型的重要工具。本章将介绍流体相似的基本概念。

要满足流体中的力学相似,模型与原型应当满足三个相似条件,即几何相似、运动相似和动力相似。完全满足所有性质的力学相似是不可能做到的,需要根据模型试验研究的具体对象来选择合适的相似准则,以满足主要作用力的相似。对于水下悬浮隧道的构想与研究虽然已有数十年,但迄今为止,在世界范围内,还没有真正建成或建设中的工程实例。迟滞水下悬浮隧道的水动力响应问题研究取得突破性进展的关键在于,复杂约束的、细长的水下悬浮隧道具有弹性,而现有物理模型研究仅限于刚性管体段的二维模型,因此开展三维物理模型研究势在必行。对具有弹性的水下悬浮隧道水动力响应三维物理模型(水弹性模型)进行研究,其模型的相似性是首先需要考虑的问题。其中,模型相似需要同时满足重力相似准则与弹性相似准则,即除了满足基本的几何、质量、周期、速度等参数的相似性外,还需要满足模型结构的自振频率、模型受外荷载作用时的变形量等参数的相似性。

≫≫ 3.1　相似理论

根据杨建民等(2008)编写的《海洋工程水动力学试验研究》和赵振兴等(2010)编写的《水力学(第2版)》两本教材,如果两种流动(如原型和模型)所有对应点上同名物理量存在一定的比例关系,则称这两种流动是力学相似的。水力模型试验应满足力学相似的要求。要满足力学相似，必须满足几何相似、运动相似和动力相似，这些相似理论是指导模型试验研究以及预报原型水动力性能的基本理论。

（1）几何相似

几何相似是指原型与模型两个流场中，所有相应线段的长度都维持一定的比例关系。几何相似是力学相似的前提，只有在几何相似的流场中，才可能存在对应的点，也才能够讨论对应点上同名物理量的相似问题。

（2）运动相似

运动相似是指原型与模型两个流场对应点的速度和加速度大小各维持一定的比例关系，且方向相同。

（3）动力相似

动力相似是指作用于原型和模型两个流场相应点上的各种同名作用力的大小均维持一定的比例关系，且方向相同。这些力包括重力、惯性力、黏性力和表面张力等。

上述三个相似条件是模型和原型保持完全相似的主要条件，它们相互联系、互为条件。几何相似是运动相似和动力相似的前提和依据；动力相似是决定水流运动相似的主导因素；运动相似是几何相似和动力相似的具体表现和结果。它们是一个整体，缺一不可。

实践证明，要完全满足所有性质的力学相似（称为完全相似）是不可能的，通常都是根据具体的试验研究对象，选择合适的相似判据（也称相似准则），以满足居支配地位的力的相似，这在相似理论中称为部分相似。

3.1.1　几何相似

原型与模型满足几何相似的条件是两者的所有各项相应的线性尺度之比为常数。设 L_s、B_s、d_s 及 L_m、B_m、d_m 分别代表原型和模型的长度、宽度及吃水，则：

$$\frac{L_s}{L_m} = \frac{B_s}{B_m} = \frac{d_s}{d_m} = \lambda \tag{3.1.1}$$

原型和模型相应的面积 A_s 与 A_m 之比为：

$$\frac{A_s}{A_m} = \lambda^2 \tag{3.1.2}$$

原型和模型相应的体积 ∇_s 与 ∇_m 之比为：

$$\frac{\nabla_s}{\nabla_m} = \lambda^3 \tag{3.1.3}$$

模型在海洋工程水池中试验时，其水深 h_m、波高 H_m 和波长 λ_m 与原型在海上

的实际水深 h_s、波高 H_s 和波长 λ_s 也须满足几何相似条件，即：

$$\frac{h_s}{h_m} = \frac{H_s}{H_m} = \frac{\lambda_s}{\lambda_m} = \lambda \qquad (3.1.4)$$

总而言之，凡是模型试验中涉及线性尺度参数的，都须满足几何相似条件，原型与模型之间以线性缩尺比进行换算和模拟。

3.1.2 弗劳德相似与斯特劳哈尔相似

海洋工程模型的水动力试验主要是研究它在风、浪、流作用下的运动和受力，重力和惯性力是决定其受力的主要因素。因此，模型试验应满足弗劳德相似定律，即模型和实体的弗劳德数（Fr）相等，以保证模型和实体之间重力和惯性力的正确相似关系。此外，物体在波浪上的运动和受力具有周期变化的性质，模型和实体还必须保持斯特劳哈尔数（Sr）相等。因此：

$$\frac{V_m}{\sqrt{gL_m}} = \frac{V_s}{\sqrt{gL_s}} \qquad (3.1.5)$$

$$\frac{V_m T_m}{L_m} = \frac{V_s T_s}{L_s} \qquad (3.1.6)$$

式中：$\dfrac{V}{\sqrt{gL}}$ 为无量纲的弗劳德数 Fr；$\dfrac{L}{VT}$ 为无量纲的斯特劳哈尔数 Sr；V、L、T 分别为特征速度、特征线尺度和周期（或时间）；下标 m 及 s 分别表示模型值和原型值。

考虑到上述相似准则，模型与实体各种物理量之间的转换关系如表 3.1.1 所示。

表 3.1.1 模型与实体各种物理量之间的转换关系

参数	符号	比尺	参数	符号	比尺
线尺度	$\dfrac{L_s}{L_m}$	λ	周期	$\dfrac{T_s}{T_m}$	$\lambda^{1/2}$
面积	$\dfrac{A_s}{A_m}$	λ^2	频率	$\dfrac{f_s}{f_m}$	$\lambda^{-1/2}$
体积	$\dfrac{\nabla_s}{\nabla_m}$	λ^3	质量（排水量）	$\dfrac{\Delta_s}{\Delta_m}$	λ^3
线速度	$\dfrac{V_s}{V_m}$	$\lambda^{1/2}$	力	$\dfrac{F_s}{F_m}$	λ^3
线加速度	$\dfrac{a_s}{a_m}$	1	力矩	$\dfrac{M_s}{M_m}$	λ^4
角度	$\dfrac{\varphi_s}{\varphi_m}$	1	惯性矩	$\dfrac{I_s}{I_m}$	λ^5

注：下角标 s 表示原型值，下角标 m 表示模型值。

除表 3.1.1 所列的各种物理量之外,模型试验中还会应用到其他一些物理量,如刚度单位长度重量、弹性系数、恢复力系数、阻尼系数、风力系数、流力系数、功率谱密度等,其转换系数都可以应用质量、长度及时间等基本变量的转换关系计算得到。

本书中的三维水弹性悬浮隧道模型为非刚性模型,需要考虑模型的弹性变形,因此悬浮隧道结构采用重力与弹性相似,流体力采用弗劳德相似,即:

管体抗弯刚度相似:

$$\lambda^5 E_m I_m = E_p I_p \tag{3.1.7}$$

缆索抗拉刚度相似:

$$\lambda^3 E_m A_m = E_p A_p \tag{3.1.8}$$

水流流经直立的圆柱体(如单柱式平台的圆柱外壳、锚链、立管等)时,其后部会周期性地产生旋涡,因而引起物体受到周期性的作用力,形成物体的振动,通常称为涡激振动(VIV)。涡激振动的试验研究必须满足模型和原型的斯特劳哈尔数相等。

》》 3.2 力学基础理论

3.2.1 等截面均质梁自振频率计算

根据克拉夫等(2006)编写的《结构动力学》,对于抗弯刚度和质量分布均匀的梁结构,体系的无阻尼自由振动方程为:

$$EI \frac{\partial^4 v(x,t)}{\partial x^4} + \overline{m} \frac{\partial^2 v(x,t)}{\partial x^2} = 0 \tag{3.2.1}$$

式中:EI 为梁的抗弯刚度;$\overline{m}$ 为梁单位长度的质量。用 EI 除上式,并用 x' 表示 x 的导数,用圆点表示对 t 的导数,则方程可以写成:

$$v^{iv}(x,t) + \frac{\overline{m}}{EI} \ddot{v}(x,t) = 0 \tag{3.2.2}$$

因为 $\dfrac{\overline{m}}{EI}$ 是常量,可用分离变量法简单地求得这个方程的解的一种形式。假定解具有如下形式:

$$v(x,t) = \varphi(x) Y(t) \tag{3.2.3}$$

上式表明,自由振动是振幅按 $Y(t)$ 随时间变化、按指定形状 $\varphi(x)$ 进行的运动。把式(3.2.3)代入式(3.2.2)可得:

$$\varphi^{iv}(x) Y(t) + \frac{\overline{m}}{EI} \varphi(x) \ddot{Y}(t) = 0 \tag{3.2.4}$$

用 $\varphi(x)Y(t)$ 除上式，使变量分离如下：

$$\frac{\varphi^{iv}(x)}{\varphi(x)} + \frac{\overline{m}\,\ddot{Y}(t)}{EI\,Y(t)} = 0 \tag{3.2.5}$$

因为此方程第一项仅是 x 的函数，第二项仅是 t 的函数，所以只有当每一项都等于以下常数时，对于任意的 x 和 t 方程才都满足下式：

$$\frac{\varphi^{iv}(x)}{\varphi(x)} = -\frac{\overline{m}\,\ddot{Y}(t)}{EI\,Y(t)} = a^4 \tag{3.2.6}$$

式中把该常数写成 a^4 的形式，是为了以后数学推导的方便。由式(3.2.6)可得到两个常微分方程：

$$\ddot{Y}(t) + \omega^2 Y(t) = 0 \tag{3.2.7}$$

$$\varphi^{iv}(x) - a^4 \varphi(x) = 0 \tag{3.2.8}$$

式中：

$$\omega^2 = \frac{a^4 EI}{\overline{m}} \left(\text{即 } a^4 = \frac{\omega^2 \overline{m}}{EI}\right) \tag{3.2.9}$$

式(3.2.7)是常见的无阻尼单自由度体系自由振动方程，它有以下形式的解：

$$Y(t) = A\cos(wt) + B\sin(wt) \tag{3.2.10}$$

式中：A 和 B 依赖于位移和速度的初始条件，即：

$$Y(t) = Y(0)\cos(wt) + \frac{\dot{Y}(0)}{w}\sin(wt) \tag{3.2.11}$$

可按照一般的方法求解式(3.2.8)，假定解的形式为：

$$\varphi(x) = G\exp(sx) \tag{3.2.12}$$

将上式代入式(3.2.8)中得：

$$(s^4 - a^4)G\exp(sx) = 0 \tag{3.2.13}$$

由此得到：

$$s_{1,2} = \pm ia, \quad s_{3,4} = \pm a \tag{3.2.14}$$

把每一个根分别代入式(3.2.12)，并把得到的四项相加，得完全解：

$$\varphi(x) = G_1\exp(iax) + G_2\exp(-iax) + G_3\exp(ax) + G_4\exp(-ax) \tag{3.2.15}$$

式中：G_1、G_2、G_3 和 G_4 必须视为复常数。用三角函数和双曲函数等价地替换指数函数，并令式子右边的虚部为零。推导出：

$$\varphi(x) = A_1\cos(ax) + A_2\sin(ax) + A_3\cosh(ax) + A_4\sinh(ax) \tag{3.2.16}$$

式中：A_1、A_2、A_3 和 A_4 是实常数，它们可以分别用 G_1、G_2、G_3 和 G_4 表示。这四个实常数由梁端已知的边界条件(位移、斜率弯矩或剪力)来计算。在确定这些常数时，可以把四个常数中的任意三个用第四个常数来表示，得到一个表达式(叫作频率方程)，用它可以求解频率参数 a。在自由振动分析中，第四个常数不能直接求得，因为它代表形状函数 $\varphi(x)$ 的任意一个幅值。然而，在赋予该常数一个值(比如1)之后,式(3.2.11)中的 $Y(0)$ 和 $\dot{Y}(0)$ 的值就应该与其相协调,使用式(3.2.3)表示的 $v(x,t)$ 满足初始条件,即 $Y(0) = v(x,0)/\varphi(x)$ 和 $\dot{Y}(0) = \dot{v}(x,0)/\varphi(x)$。

根据上述理论进行以下分析。

3.2.1.1　对于等截面简支梁

梁的四个边界条件为:

$$\varphi(0) = 0, \quad M(0) = EI\varphi''(0) = 0 \tag{3.2.17}$$

$$\varphi(L) = 0, \quad M(L) = EI\varphi''(L) = 0 \tag{3.2.18}$$

利用式(3.2.16)和它对于 x 的二阶偏导数,式(3.2.17)可以写为:

$$\left.\begin{array}{l} \varphi(0) = A_1\cos 0 + A_2\sin 0 + A_3\cosh 0 + A_4\sinh 0 = 0 \\ \varphi''(0) = a^2(-A_1\cos 0 - A_2\sin 0 + A_3\cosh 0 + A_4\sinh 0) = 0 \end{array}\right\} \tag{3.2.19}$$

由上述两个式子得到 $(A_1 + A_3) = 0$ 和 $(-A_1 + A_3) = 0$,自然,得出 $A_1 = 0$ 和 $A_3 = 0$。类似地,在考虑 $A_1 = 0$ 和 $A_3 = 0$ 之后,式(3.2.18)可以写成如下形式:

$$\left.\begin{array}{l} \varphi(L) = A_2\sin(aL) + A_4\sinh(aL) = 0 \\ \varphi''(L) = a^2[-A_2\sin(aL) + A_4\sinh(aL)] = 0 \end{array}\right\} \tag{3.2.20}$$

在消去 a^2 之后,两式相加得到:

$$2A_4\sinh(aL) = 0 \tag{3.2.21}$$

这样,因为 $\sinh(aL) \neq 0$,所以 $A_4 = 0$。仅剩下一个非零的常数 A_2,因此:

$$\varphi(x) = A_2\sin(ax) \tag{3.2.22}$$

由边界条件 $\varphi(L) = 0$,排除平凡解 $A_2 = 0$ 后可得:

$$\sin(aL) = 0 \tag{3.2.23}$$

该式即为体系的频率方程。由此,得:

$$a = n\pi/L, n = 0,1,2,\cdots \tag{3.2.24}$$

把式(3.2.24)代入式(3.2.9),并对等式两边取平方根,得到频率的表达式为:

$$\omega_n = n^2\pi^2\sqrt{\frac{EI}{mL^4}} \tag{3.2.25}$$

相应的振型由式(3.2.22)给出,其正弦函数中的频率参数 a 由式(3.2.24)确定;这样,忽略平凡情况 $n = 0$,得到:

$$\varphi_n(x) = A_2\sin\frac{n\pi}{L}x, n = 1,2,\cdots \tag{3.2.26}$$

3.2.1.2　对于等截面悬臂梁

梁的四个边界条件为:

$$\varphi(0) = 0, \quad \varphi'(0) = 0 \tag{3.2.27}$$

$$M(L) = EI\varphi''(L) = 0, \quad V(L) = EI\varphi'''(L) = 0 \tag{3.2.28}$$

将式(3.2.16)和它的导数代入这些边界条件得：

$$\left.\begin{array}{l} \varphi(0) = (A_1\cos0 + A_2\sin0 + A_3\cosh0 + A_4\sinh0) = 0 \\ \varphi'(0) = a(-A_1\sin0 + A_2\cos0 + A_3\sinh0 + A_4\cosh0) = 0 \\ \varphi''(L) = a^2[-A_1\cos(aL) - A_2\sin(aL) + A_3\cosh(aL) + A_4\sinh(aL)] = 0 \\ \varphi'''(L) = a^3[A_1\sin(aL) - A_2\cos(aL) + A_3\sinh(aL) + A_4\cosh(aL)] = 0 \end{array}\right\}$$

$$\tag{3.2.29}$$

利用 $\cos0 = \cosh0 = 1$ 和 $\sin0 = \sinh0 = 0$，从前两个式子推导出 $A_3 = -A_1$ 和 $A_4 = -A_2$。把这些关系代入后两个式子，改变所有的符号，并把所得的结果写成矩阵形式，得到特征方程：

$$\begin{bmatrix} \cos(aL) + \cosh(aL) & \sin(aL) + \sinh(aL) \\ \sinh(aL) - \sin(aL) & \cos(aL) + \cosh(aL) \end{bmatrix} \begin{bmatrix} A_1 \\ A_2 \end{bmatrix} = \begin{bmatrix} 0 \\ 0 \end{bmatrix} \tag{3.2.30}$$

为了使系数 A_1 和 A_2 不全为零，式子中方阵的行列式必须为零，从而得到频率方程：

$$\sinh^2(aL) - \sin^2(aL) - \cos^2(aL) - 2\cosh(aL)\cos(aL) - \cosh^2(aL) = 0$$

$$\tag{3.2.31}$$

由此得：

$$\cos(aL) = -\frac{1}{\cosh(aL)} \tag{3.2.32}$$

这个超越方程的解给出了 aL 的值，此值代表悬臂梁的振动频率。因此，式(3.2.32)的第四个及其以上的解近似确定如下：

$$(aL)_n = \frac{\pi}{2}(2n-1), n = 4, 5, 6, \cdots \tag{3.2.33}$$

该式至少精确到四位小数。把式(3.2.32)和式(3.2.33)决定的 aL 值代入式(3.2.9)，得到相应的圆频率为：

$$\omega_n = (aL)_n^2 \sqrt{\frac{EI}{\overline{m}L^4}}, n = 1, 2, 3, \cdots \tag{3.2.34}$$

可借助于特征方程(3.2.30)中的任一式子，将系数 A_2 用 A_1 表示出来。用第一个式子给出：

$$A_2 = -\frac{\cos(aL) + \cosh(aL)}{\sin(aL) + \sinh(aL)} A_1 \tag{3.2.35}$$

它和前面得到的条件 $A_3 = -A_1$ 及 $A_4 = -A_2$ 一起，可以把式(3.2.16)表示的振型表达式写成下列形式：

$$\varphi(x) = A_1\left\{\cos(ax) - \cosh(ax) - \frac{[\cos(aL) + \cosh(aL)]}{[\sin(aL) + \sinh(aL)]}[\sin(ax) - \sinh(ax)]\right\}$$

$$\tag{3.2.36}$$

将频率方程的根 aL 分别代入上式,就得到相应的振型函数。

3.2.2 简单荷载作用下等截面均质梁挠度计算

根据孙训方等(1994)编写的《材料力学》,梁弯曲时的位移计算理论可以得到不同形式等直梁在简单荷载作用下的挠度。

3.2.2.1 对于等截面简支梁

一个长度为 l,弯曲刚度为 EI 的简支梁中心位置($x=l/2$)受到集中荷载 F 时,两支座处转角绝对值相等,且均为最大值,梁的中心位置处挠度最大。梁的中心位置($x=l/2$)的挠度(ω_C)和两端位置处的转角(左端处转角 θ_A、右端处转角 θ_B)计算公式如下:

$$\omega_C = \frac{Fl^3}{48EI} \tag{3.2.37}$$

$$\theta_A = \frac{Fl^2}{16EI} \tag{3.2.38}$$

$$\theta_B = -\frac{Fl^2}{16EI} \tag{3.2.39}$$

一个长度为 l,弯曲刚度为 EI 的简支梁受到大小为 q 的均布荷载时,梁的中心位置($x=l/2$)的挠度(ω_C)和两端位置处的转角(左端处转角 θ_A、右端处转角 θ_B)计算公式如下:

$$\omega_C = \frac{5ql^4}{384EI} \tag{3.2.40}$$

$$\theta_A = \frac{ql^3}{24EI} \tag{3.2.41}$$

$$\theta_B = -\frac{ql^3}{24EI} \tag{3.2.42}$$

当受两种荷载共同作用时可使用叠加法来进行计算。

3.2.2.2 对于等截面悬臂梁

一个长度为 l,弯曲刚度为 EI 的悬臂梁自由端($x=l$)受到一集中荷载 F 作用,梁的最大转角和最大挠度均发生在 $x=l$ 的自由端截面处。梁的自由端($x=l$)挠度 ω_B 和转角 θ_B 计算公式如下:

$$\omega_B = \frac{Fl^3}{3EI} \tag{3.2.43}$$

$$\theta_B = \frac{Fl^2}{2EI} \tag{3.2.44}$$

一个长度为 l ,弯曲刚度为 EI 的悬臂梁受到大小为 q 的均布荷载时,梁的自由端 $(x=l)$ 挠度 ω_B 和转角 θ_B 计算公式如下:

$$\omega_B = \frac{ql^4}{8EI} \tag{3.2.45}$$

$$\theta_B = \frac{ql^3}{6EI} \tag{3.2.46}$$

当受两种荷载共同作用时可使用叠加法来进行计算。

4 悬浮隧道模型设计

本章从悬浮隧道原型参数开始介绍,针对水弹性模型试验所关注的原型的物理参数,利用重力相似和弹性相似对悬浮隧道模型的主体结构进行了设计,对重要物理参数(如抗弯刚度、自振频率等)进行了计算。依据浮重比对沿程约束系统的缆绳初始平衡张力及张力–变形关系进行了计算,用于模型弹簧的选择。

》》》 4.1 悬浮隧道原型参数

4.1.1 悬浮隧道横断面

原型悬浮隧道为两车道,外直径为 12.6 m,内直径为 10.6 m。我们可以计算得出其水平和竖直方向的抗弯特性,在模型试验中,我们需要忽略内墙和路面层的抗弯贡献,来得到其简化的抗弯刚度。C60 混凝土弹性模量(参考 JTG 3362—2018)取 36.0 GPa,抗弯特性 $EI_{原型} = 36 \times 10^9 \times 618 = 2.22 \times 10^{13}$ N·m²。重量设计按照每延米净浮力(净浮力=浮力–重力)10 t/m、20 t/m、30 t/m 设计,对应浮重比(BWR)分别为:$BWR^{10\,t/m} = 1.09$、$BWR^{20\,t/m} = 1.19$、$BWR^{30\,t/m} = 1.32$。

4.1.2 悬浮隧道的锚固形式

原型缆索为钢缆,同一横截面共 4 根缆索,2 根斜向缆、2 根竖向缆,相邻锚点的纵向(沿悬浮隧道轴向)间距为 150 m,每个锚点在横断面上的接入点如图 4.1.1 所示。

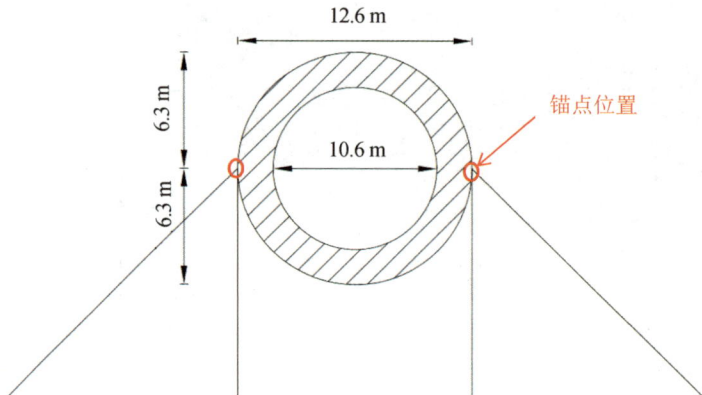

图 4.1.1　锚点横向布置

》》 4.2　悬浮隧道模型主体结构

4.2.1　悬浮隧道模型主体结构组成

悬浮隧道模型由管道主体结构、两端部约束系统和沿程缆索锚固约束系统三部分构成,其中管道主体结构由白钢棒芯、泡沫塑料材料内包层、配重白钢环及塑料外包层构成。

4.2.1.1　棒芯

依据原型刚度参数,对于 1 : 50 管道模型,棒芯采用直径为 55 mm 的 304 实心不锈钢钢棒分段拼接制作,拼接部位按丝扣连接进行加工(接头设计见图 4.2.1)。管道整体刚度由棒芯承担,外包材料及配重件对整体刚度的贡献不计。

棒芯拼接前,测试并记录静态刚度系数 E。棒芯拼接后,进行等长度条件下非拼接挠度和拼接后挠度的对比试验,以检验拼接对棒芯刚度的影响。当拼接后挠度与非拼接挠度相比,误差超过 5% 时,需要重新设计丝扣连接的接头,以保证因接头引起的棒芯刚度误差小于 5%。

对于截断削弱模型,采用调整丝扣连接接头刚度的方法实现。

4.2.1.2　发泡塑料

为保证模型外尺寸及配重件位置准确,应采用优质发泡塑料(聚苯乙烯)分段切割成型,其防水性经过 72 h 水下淹没检验,去除表面水体后增重小于 0.2%。

（a）等刚度接头设计

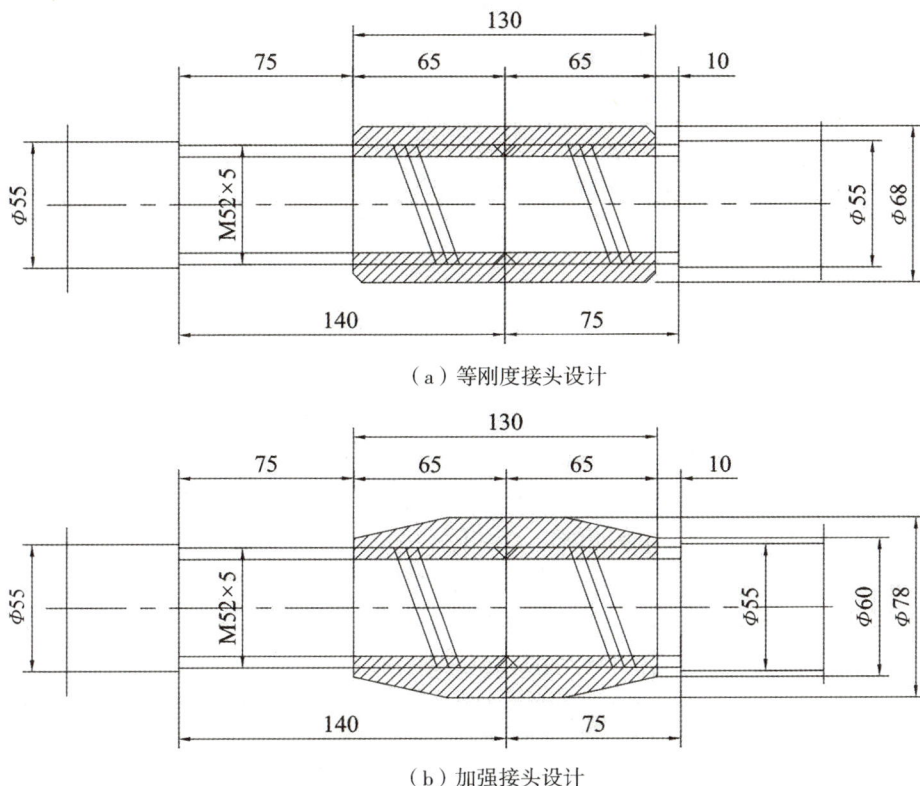

（b）加强接头设计

图 4.2.1　接头设计（单位：mm）

4.2.1.3　配重钢环

为尽量减小因钢棒芯重心位于模型中心带来的隧道模型转动惯性矩的误差，应使配重钢环尽量薄，以满足质量分布均匀和外轮廓尺度的要求。

采用泡沫中镶嵌配重环的方式进行配重，配重环选用 8 mm 厚钢板制作而成，单体重量误差小于±0.5%。配重环示意图见图 4.2.2。

4.2.2　悬浮隧道模型主体结构参数设计

4.2.2.1　棒芯的设计

（1）棒芯直径的选取

模型制作完成后，棒芯用来衡量模型抵抗弯曲变形的能力，因此选取的棒芯的直径（EI）需与模型要求的 EI 值相匹配，由第 2 章可知 $\lambda^5(EI)_{模型} = (EI)_{原型}$。模型比尺取为 $\lambda = 1:50$，原型抗弯刚度 $EI_{原型} = 2.22 \times 10^{13}$ N·m²，所以模型抗弯强度为：

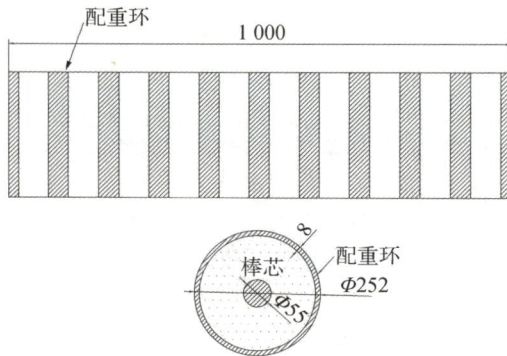

图 4.2.2　配重环示意图（每米模型长度配重环布置）

$$EI_{模型} = 2.22 \times 10^{13} \div 50^5 \approx 71\,000 \text{ N} \cdot \text{m}^2$$

钢材选用 304 不锈钢，该钢材的上限（最大）弹性模量 $E_1 = 210$ GPa，通过前期试验得知，该型钢材的实测弹性模量 $E_2 = 180$ GPa。钢棒的直径在 50 mm 与 55 mm 之间选取，这是市场常见的钢材型号，且与试验要求最为匹配。不同弹性模量取值下的抗弯刚度如表 4.2.1 所示。

表 4.2.1　不同弹性模量下的抗弯刚度

d(mm)	E(GPa)	$EI[\times 10^3 \text{ N} \cdot \text{m}^2]$
50	210	64.39
55	210	94.28
50	180	55.20
55	180	80.81

由表可知，直径为 55 mm 的钢棒的抗弯刚度最接近理论计算的模型抗弯刚度，由此选定钢棒芯直径 $d = 55$ mm。

（2）挠度及自振频率的计算

由于悬浮隧道模型的棒芯为模型提供最主要的抗弯刚度，因此可近似认为棒芯的挠度就是整体模型的挠度。

对六种不同比尺与浮重比的悬浮隧道管段进行挠度和自振频率的计算，表 4.2.2 为模型的基本参数表。

管段 A：比尺为 1∶100，浮重比为 1.09；

管段 B：比尺为 1∶100，浮重比为 1.19；

管段 C：比尺为 1∶100，浮重比为 1.32；

管段 D：比尺为 1∶50，浮重比为 1.09；

管段 E：比尺为 1∶50，浮重比为 1.19；

管段 F：比尺为 1∶50，浮重比为 1.32。

表 4.2.2　模型的基本参数

管体编号	原型参数				模型参数				
	BWR	线质量（kg/m）	直径（m）	EI（N·m²）	比尺 λ	BWR	线质量（kg/m）	直径（m）	EI（N·m²）
A	1.09	$1.147×10^5$	12.6	$2.22×10^{13}$	100	1.09	11.47	0.126	2 220
B	1.19	$1.047×10^5$	12.6	$2.22×10^{13}$	100	1.19	10.47	0.126	2 220
C	1.32	$9.47×10^4$	12.6	$2.22×10^{13}$	100	1.32	9.47	0.126	2 220
D	1.09	$1.147×10^5$	12.6	$2.22×10^{13}$	50	1.09	45.88	0.252	71 040
E	1.19	$1.047×10^5$	12.6	$2.22×10^{13}$	50	1.19	41.88	0.252	71 040
F	1.32	$9.47×10^4$	12.6	$2.22×10^{13}$	50	1.32	37.88	0.252	71 040

　　将悬浮隧道每延米质量当作均布荷载，由材料力学简单荷载作用下梁的挠度计算公式［式（3.2.40）］，可以得到悬臂结构形式梁的挠度计算值，见表4.2.3。

　　将悬浮隧道每延米质量当作均布荷载，由材料力学简单荷载作用下梁的挠度计算公式［式（3.2.38）］，可以得到简支结构形式梁的挠度计算值，见表4.2.4。

　　根据3.2.1节中等截面均质梁自振频率计算方法，其中简支梁自振频率计算公式参见式（3.2.25），悬臂梁自振频率计算公式参见式（3.2.34），两种形式梁的原型自振频率计算结果分别见表4.2.5与表4.2.6。由自振频率的比尺公式 $f_s = \lambda^{-\frac{1}{2}} f_m$（参考表3.1.1），可以计算出模型的各阶自振频率，见表4.2.7和表4.2.8。

表 4.2.3　悬臂结构形式梁的挠度计算值

管体编号	BWR	线质量（kg/m）	直径（m）	EI（N·m²）	管体长度（m）	原型挠度（m）	比尺 λ	模型挠度（cm）
A	1.09	$1.147×10^5$	12.6	$2.22×10^{13}$	100	0.064 6	100	0.064 6
					150	0.326 9		0.326 9
					200	1.033 3		1.033 3
B	1.19	$1.047×10^5$	12.6	$2.22×10^{13}$	100	0.058 9	100	0.058 9
					150	0.298 4		0.298 4
					200	0.943 2		0.943 2
C	1.32	$9.47×10^4$	12.6	$2.22×10^{13}$	100	0.053 3	100	0.053 3
					150	0.269 9		0.269 9
					200	0.853 2		0.853 2
D	1.09	$1.147×10^5$	12.6	$2.22×10^{13}$	100	0.064 6	50	0.129 2
					150	0.326 9		0.653 8
					200	1.033 3		2.066 6

续表

管体编号	BWR	线质量（kg/m）	直径（m）	EI（N·m²）	管体长度（m）	原型挠度（m）	比尺 λ	模型挠度（cm）
E	1.19	$1.047×10^5$	12.6	$2.22×10^{13}$	100	0.058 9	50	0.117 8
					150	0.298 4		0.596 8
					200	0.943 2		1.886 4
F	1.32	$9.47×10^4$	12.6	$2.22×10^{13}$	100	0.053 3	50	0.106 6
					150	0.269 9		0.539 8
					200	0.853 2		1.706 4

表 4.2.4　简支结构形式梁的挠度计算值

管体编号	BWR	线质量（kg/m）	直径（m）	EI（N·m²）	管体长度（m）	原型挠度（m）	比尺 λ	模型挠度（cm）
A	1.09	$1.147×10^5$	12.6	$2.22×10^{13}$	100	0.006 7	100	0.006 7
					150	0.034 1		0.034 1
					200	0.107 6		0.107 6
B	1.19	$1.047×10^5$	12.6	$2.22×10^{13}$	100	0.006 1	100	0.006 1
					150	0.031 1		0.031 1
					200	0.098 3		0.098 3
C	1.32	$9.47×10^4$	12.6	$2.22×10^{13}$	100	0.005 6	100	0.005 6
					150	0.028 1		0.028 1
					200	0.088 9		0.088 9
D	1.09	$1.147×10^5$	12.6	$2.22×10^{13}$	100	0.006 7	50	0.006 7
					150	0.034 1		0.068 2
					200	0.107 6		0.215 2
E	1.19	$1.047×10^5$	12.6	$2.22×10^{13}$	100	0.006 1	50	0.012 2
					150	0.031 1		0.062 2
					200	0.098 3		0.196 6
F	1.32	$9.47×10^4$	12.6	$2.22×10^{13}$	100	0.005 6	50	0.005 6
					150	0.028 1		0.056 2
					200	0.088 9		0.177 8

表 4.2.5　悬臂结构形式梁的自振频率计算值（原型）

管体编号	BWR	线质量量 (kg/m)	直径 (m)	EJ (N·m²)	管体长度 (m)	一阶自振频率 w_1 (Hz)	二阶自振频率 w_2 (Hz)	三阶自振频率 w_3 (Hz)	四阶自振频率 w_4 (Hz)	五阶自振频率 w_5 (Hz)
A	1.09	1.147×10^5	12.6	2.22×10^{13}	100	4.89	30.65	85.84	168.03	277.77
					150	2.17	13.62	38.15	74.68	123.45
					200	1.22	7.66	21.46	42.01	69.44
B	1.19	1.047×10^5	12.6	2.22×10^{13}	100	5.12	32.08	89.85	175.87	290.73
					150	2.28	14.26	39.93	78.17	129.21
					200	1.28	8.02	22.46	43.97	72.68
C	1.32	9.47×10^4	12.6	2.22×10^{13}	100	5.38	33.74	94.47	184.93	305.69
					150	2.39	14.99	41.99	82.19	135.86
					200	1.35	8.43	23.62	46.23	76.42
D	1.09	1.147×10^5	12.6	2.22×10^{13}	100	4.89	30.65	85.84	168.03	277.77
					150	2.17	13.62	38.15	74.68	123.45
					200	1.22	7.66	21.46	42.01	69.44
E	1.19	1.047×10^5	12.6	2.22×10^{13}	100	5.12	32.08	89.85	175.87	290.73
					150	2.28	14.26	39.93	78.17	129.21
					200	1.28	8.02	22.46	43.97	72.68
F	1.32	9.47×10^4	12.6	2.22×10^{13}	100	5.38	33.74	94.47	184.93	305.69
					150	2.39	14.99	41.99	82.19	135.86
					200	1.35	8.43	23.62	46.23	76.42

表 4.2.6　简支结构形式梁的自振频率计算值（原型）

管体编号	BWR	线质量 (kg/m)	直径 (m)	EI (N·m²)	管体长度 (m)	一阶自振频率 w_1 (Hz)	二阶自振频率 w_2 (Hz)	三阶自振频率 w_3 (Hz)	四阶自振频率 w_4 (Hz)	五阶自振频率 w_5 (Hz)
A	1.09	1.147×10^5	12.6	2.22×10^{13}	100	13.72	54.87	123.45	219.47	342.92
					150	6.10	24.39	54.87	97.54	152.41
					200	3.43	13.72	30.86	54.87	85.73
B	1.19	1.047×10^5	12.6	2.22×10^{13}	100	14.36	57.43	129.21	229.71	358.92
					150	6.38	25.52	57.43	102.09	159.52
					200	3.59	14.36	32.30	57.43	89.73
C	1.32	9.47×10^4	12.6	2.22×10^{13}	100	15.10	60.38	135.86	241.54	377.40
					150	6.71	26.84	60.38	107.35	167.73
					200	3.77	15.10	33.97	60.38	94.35
D	1.09	1.147×10^5	12.6	2.22×10^{13}	100	13.72	54.87	123.45	219.47	342.92
					150	6.10	24.39	54.87	97.54	152.41
					200	3.43	13.72	30.86	54.87	85.73
E	1.19	1.047×10^5	12.6	2.22×10^{13}	100	14.36	57.43	129.21	229.71	358.92
					150	6.38	25.52	57.43	102.09	159.52
					200	3.59	14.36	32.30	57.43	89.73
F	1.32	9.47×10^4	12.6	2.22×10^{13}	100	15.10	60.38	135.86	241.54	377.40
					150	6.71	26.84	60.38	107.35	167.73
					200	3.77	15.10	33.97	60.38	94.35

表 4.2.7　悬臂结构形式梁的自振频率计算值（模型）

管体编号	比尺 λ	BWR	线质量 (kg/m)	直径 (m)	EI (N·m²)	管体长度 (m)	一阶自振频率 w_1 (Hz)	二阶自振频率 w_2 (Hz)	三阶自振频率 w_3 (Hz)	四阶自振频率 w_4 (Hz)	五阶自振频率 w_5 (Hz)
A	100	1.09	11.47	0.126	2 220	1.0	48.9	306.5	858.4	1 680.3	2 777.7
						1.5	21.7	136.2	381.5	746.8	1 234.5
						2.0	12.2	76.6	214.6	420.1	694.4
B	100	1.19	10.47	0.126	2 220	1.0	51.2	320.8	898.5	1 758.7	2 907.3
						1.5	22.8	142.6	399.3	781.7	1 292.1
						2.0	12.8	80.2	224.6	439.7	726.8
C	100	1.32	9.47	0.126	2 220	1.0	53.8	337.4	944.7	1 849.3	3 056.9
						1.5	23.9	149.9	419.9	821.9	1 358.6
						2.0	13.5	84.3	236.2	462.3	764.2
D	50	1.09	45.88	0.252	71 040	2.0	34.6	216.7	607.0	1 188.2	1 964.1
						3.0	15.3	96.3	269.8	528.1	872.9
						4.0	8.6	54.2	151.7	297.1	491.0
E	50	1.19	41.88	0.252	71 040	2.0	36.2	226.8	635.3	1 243.6	2 055.8
						3.0	16.1	100.8	282.3	552.7	913.7
						4.0	9.1	56.7	158.8	310.9	513.9
F	50	1.32	37.88	0.252	71 040	2.0	38.0	238.6	668.0	1 307.7	2 161.6
						3.0	16.9	106.0	296.9	581.2	960.7
						4.0	9.5	59.6	167.0	326.9	540.4

表 4.2.8　简支结构形式梁的自振频率计算值(模型)

管体编号	比尺 λ	BWR	线质量 (kg/m)	直径 (m)	EI (N·m²)	管体长度 (m)	一阶自振频率 w_1(Hz)	二阶自振频率 w_2(Hz)	三阶自振频率 w_3(Hz)	四阶自振频率 w_4(Hz)	五阶自振频率 w_5(Hz)
A	100	1.09	11.47	0.126	2 220	1.0	137.2	548.7	1 234.5	2 194.7	3 429.2
						1.5	61.0	243.9	548.7	975.4	1 524.1
						2.0	34.3	137.2	308.6	548.7	857.3
B	100	1.19	10.47	0.126	2 220	1.0	143.6	574.3	1 292.1	2 297.1	3 589.2
						1.5	63.8	255.2	574.3	1 020.9	1 595.2
						2.0	35.9	143.6	323.0	574.3	897.3
C	100	1.32	9.47	0.126	2 220	1.0	151.0	603.8	1 358.6	2 415.4	3 774.0
						1.5	67.1	268.4	603.8	1 073.5	1 677.3
						2.0	37.7	151.0	339.7	603.8	943.5
D	50	1.09	45.88	0.252	71 040	2.0	97.0	388.0	872.9	1 551.9	2 424.8
						3.0	43.1	172.5	388.0	689.7	1 077.7
						4.0	24.3	97.0	218.2	388.0	606.2
E	50	1.19	41.88	0.252	71 040	2.0	101.5	406.1	913.7	1 624.3	2 537.9
						3.0	45.1	180.5	406.1	721.9	1 128.0
						4.0	25.4	101.5	228.4	406.1	634.5
F	50	1.32	37.88	0.252	71 040	2.0	106.8	427.0	960.7	1 707.9	2 668.6
						3.0	47.4	189.8	427.0	759.1	1 186.0
						4.0	26.7	106.8	240.2	427.0	667.2

4.2.2.2 配重钢环的设计

(1)模型管段总质量

选择净浮力为 20 t/m,则悬浮隧道每延米质量为:

$$M=F_{浮力}-F_{净浮力}=\frac{\pi}{4}\times12.6^2\times1-20\approx104.626\ 6\ t$$

模型比尺取 1:50 时,模型管段每米质量为:

$$m=M/50^2\approx41.851\ kg$$

模型管段试验段总长度为 24 m,则模型管段总质量为:

$$m_{to}\approx m\times L=41.851\times24=1\ 004.424\ kg$$

(2)配重质量估算

钢棒密度为 7.85 g/cm³(7 850 kg/m³),发泡塑料密度为 0.031 g/cm³(31 kg/m³),则:

钢棒每米质量为:

$$m_1=\frac{\pi}{4}\times d^2\times\rho\approx\frac{3.14}{4}\times0.055^2\times7.85\times1\ 000\approx18.641\ kg$$

发泡塑料每米质量为:

$$m_2=\frac{\pi}{4}\times(D^2-d^2)\times\rho\approx\frac{3.14}{4}\times(0.252^2-0.055^2)\times0.031\times1\ 000\approx1.472\ kg$$

配重环每米质量为:

$$m_3=m-m_1-m_2\approx21.738\ kg/m$$

综上,选定配重环厚度为 8 mm,配重环嵌在泡沫塑料外表面,外径为 252 mm (保证管体整体上直径为 0.252 m),每米布置 10 块配重环,单块配重环重量为 2.174 kg。单块配重环沿管体轴向长度为:

$$L=2.174\times1\ 000/7.85/0.8/\pi/24.4\approx4.52\ cm$$

式中:24.4 为配重环中心处直径,单位为 cm,25.2-0.4-0.4=24.4 cm。

每延米配重环布置如图 4.2.3 所示,中间布置 9 块完整配重环,两端各布置半块,中间间隔区域为 10 个。

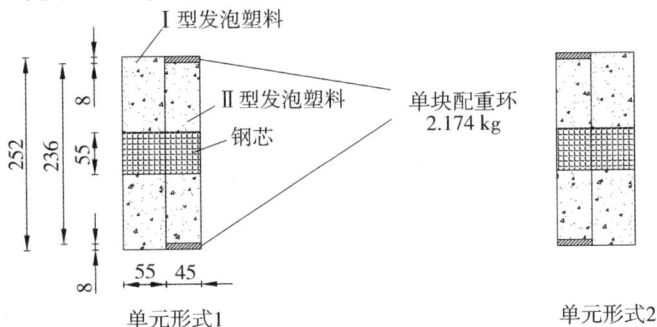

图 4.2.3 配重环-发泡塑料组合单元形式(单位:mm)

➢➢ **4.3** **悬浮隧道模型约束系统**

4.3.1 沿程缆索锚固约束系统

按照几何相似的要求,在模型比尺为 1∶50 的情况下,模型缆索锚固间距为 3 m。

4.3.1.1 沿程缆索锚固约束系统的组成

沿程缆索锚固约束系统由隧道拉力环、缆索线、弹簧、导向滑轮、基础锚固设施五部分构成。沿程缆索锚固约束系统布置图见图 4.3.1。

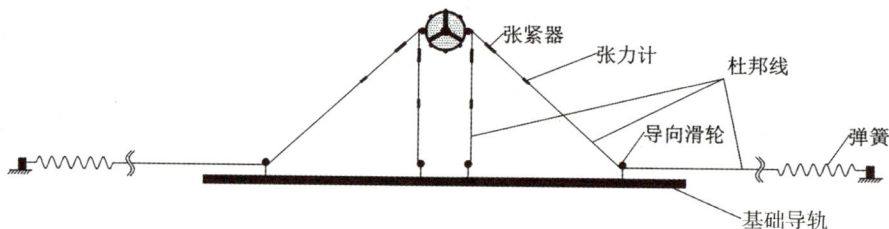

图 4.3.1 沿程缆索锚固约束系统布置图

(1)隧道拉力环

隧道拉力环半径为 8 mm,拉力点沿隧道外环 45°布置一个,以方便不同种系缆方式的选取。以钢棒芯为圆心,每隔 120°布置 1 个隧道拉力环支撑钢柱,即每个拉力环截面布置 3 个隧道拉力环支撑钢柱(见图 4.3.1),以保证隧道拉力环受力时不挤压发泡塑料垫层。支撑钢柱与钢棒芯呈环状接触,不改变系统刚度。半圆钢环设置箍紧耳,保证与支撑钢柱紧密连接,进而保证隧道拉力环受力时不发生环向转动。

(2)缆索线及弹簧

缆索线在模型中实际上是一个固定长度的连接系统,由 100 kg 级拉力的杜邦线、隧道拉力环的引出环、张力调节器、张力计、固定长度的弹簧、基础固定点导出环共同构成。缆索线系统弹性满足重力相似体系下的拉力-弹性相似体系下的相对伸长曲线相似。该相似可由特制的固定长度的线性弹簧来满足,弹簧弹性系数随试验水深、管体浮重比、系泊缆绳角度等参数的变化而变化。

(3)导向滑轮

导向滑轮采用万向固定滑轮,在 100 kg 级拉力的作用下足够灵活且具有足够的刚度。导向滑轮固定在基础导轨上。

（4）基础锚固设施

基础锚固设施分为两部分：一部分为固定的基础导轨，另一部分为现场地脚预埋装置。固定的基础导轨抗拉能力大于 600 kg；现场地脚预埋装置抗拉能力大于150 kg。

4.3.1.2 缆索张力–变形关系

（1）原型缆索的张力–变形曲线

试验要求的计算如下：管体上相邻锚点的纵向间距为 150 m，4 根缆索均摊管节的净浮力，并具备 6 倍的安全系数，强度为 1 860 MPa，弹性模量为 85 GPa，并假定忽略缆索悬链线刚度的贡献，只考虑其弹性伸长的刚度，计算净浮力分别为10 t/m、20 t/m、30 t/m 的缆绳的有效面积 $A_{\text{eff.}}$、等效直径 $D_{\text{equiv.}}$：

净浮力 10 t/m 的悬浮隧道：

$$A_{\text{eff.}}^{10\ t/m} = \frac{(10 \times 9.81 \times 10^3) \times \dfrac{150}{4} \times 6}{1\ 860 \times 10^6} \approx 0.011\ 9\ \text{m}^2 \tag{4.3.1}$$

$$D_{\text{equiv.}}^{10\ t/m} = \sqrt{\frac{4A_{\text{eff.}}^{10\ t/m}}{\pi}} \approx 0.123\ \text{m} \tag{4.3.2}$$

净浮力 20 t/m 的悬浮隧道：

$$A_{\text{eff.}}^{20\ t/m} = \frac{(20 \times 9.81 \times 10^3) \times \dfrac{150}{4} \times 6}{1\ 860 \times 10^6} \approx 0.023\ 7\ \text{m}^2 \tag{4.3.3}$$

$$D_{\text{equiv.}}^{20\ t/m} = \sqrt{\frac{4A_{\text{eff.}}^{20\ t/m}}{\pi}} \approx 0.174\ \text{m} \tag{4.3.4}$$

净浮力 30 t/m 的悬浮隧道：

$$A_{\text{eff.}}^{30\ t/m} = \frac{(30 \times 9.81 \times 10^3) \times \dfrac{150}{4} \times 6}{1\ 860 \times 10^6} \approx 0.035\ 6\ \text{m}^2 \tag{4.3.5}$$

$$D_{\text{equiv.}}^{30\ t/m} = \sqrt{\frac{4A_{\text{eff.}}^{30\ t/m}}{\pi}} \approx 0.213\ \text{m}^2 \tag{4.3.6}$$

以缆索弹性系数 C 和缆索直径 D 为参数的缆索张力–变形曲线：

$$T = CD^2 \left(\frac{\Delta s}{s}\right)^n \tag{4.3.7}$$

弹性系数 C 应按原型缆索的实测值确定。本次试验中，由于没有原型缆索的实测值，所以采用《水运工程模拟试验技术规范》（JTS/T 231—2021）中的建议值，即：

钢缆：$C = 2.697 \times 10^5$ MPa，$n = 1.5$。

尼龙缆：$C = 1.540 \times 10^4$ MPa，$n = 3$。

原型缆索为钢缆，直径由上述计算可得，分别为 0.123 m、0.174 m、0.213 m，由此给出原型缆索的张力–变形曲线分别如图 4.3.2 至图 4.3.4 所示。初张力 T_0 的计算如下（$g = 9.8$ m/s^2）：

净浮力为 10 t/m 的悬浮隧道：$T_0 = 10 \times 1\,000 \times 9.8 \times \dfrac{150}{4} = 3\,675\,000$ N $= 3\,675$ kN。

净浮力为 20 t/m 的悬浮隧道：$T_0 = 20 \times 1\,000 \times 9.8 \times \dfrac{150}{4} = 7\,350\,000$ N $= 7\,350$ kN。

净浮力为 30 t/m 的悬浮隧道：$T_0 = 30 \times 1\,000 \times 9.8 \times \dfrac{150}{4} = 11\,025\,000$ N $= 11\,025$ kN。

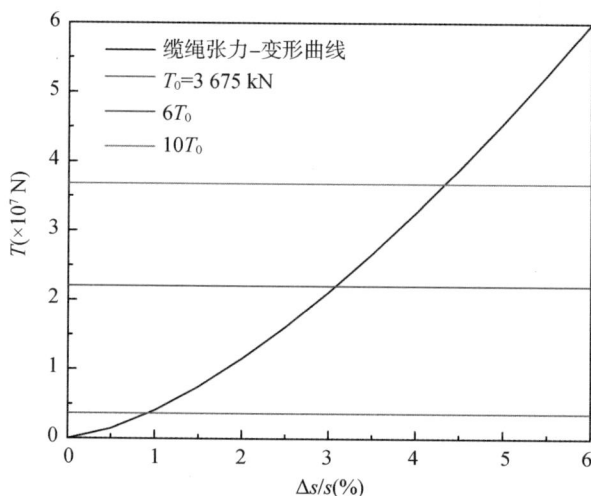

图 4.3.2　原型缆索张力–变形曲线（净浮力为 10 t/m）

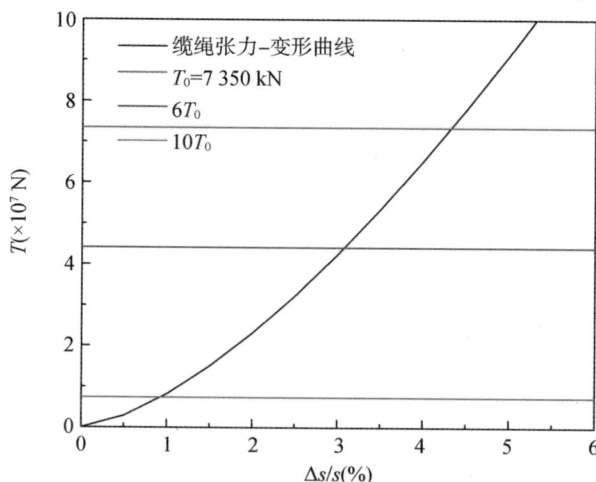

图 4.3.3　原型缆索张力–变形曲线（净浮力为 20 t/m）

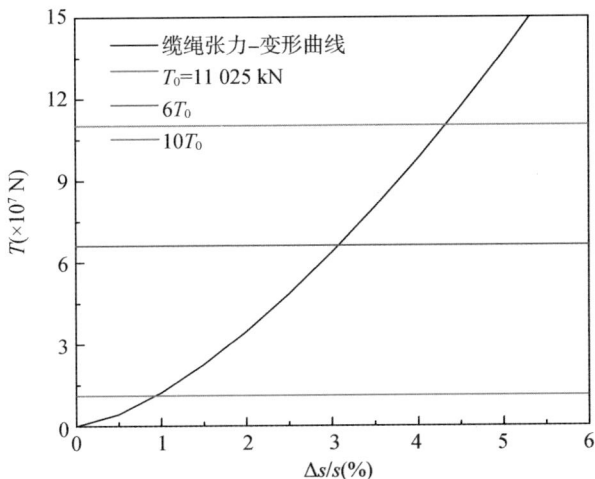

图 4.3.4　原型缆索张力-变形曲线(净浮力为 30 t/m)

(2)模型缆索的张力-变形曲线

在模型缆索受力与原型缆索受力满足比尺的前提下,保证模型缆索的相对伸长量与原型缆索的相对伸长量一致,由此给出模型缆索张力-变形曲线如图 4.3.5 至图 4.3.7 所示。

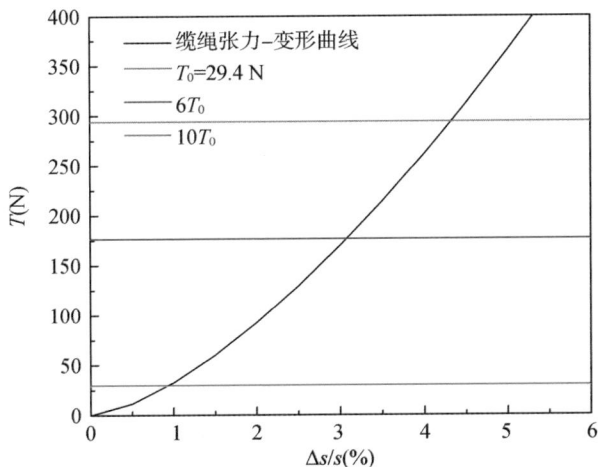

图 4.3.5　模型缆索张力-变形曲线(净浮力为 10 t/m,比尺为 1∶50)

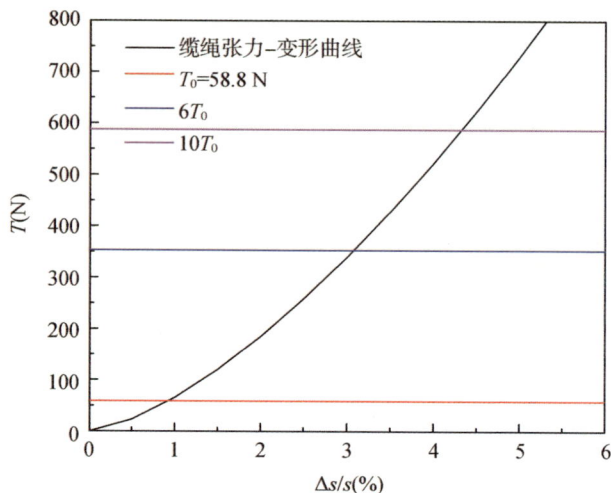

图 4.3.6　模型缆索张力-变形曲线(净浮力为 20 t/m,比尺为 1∶50)

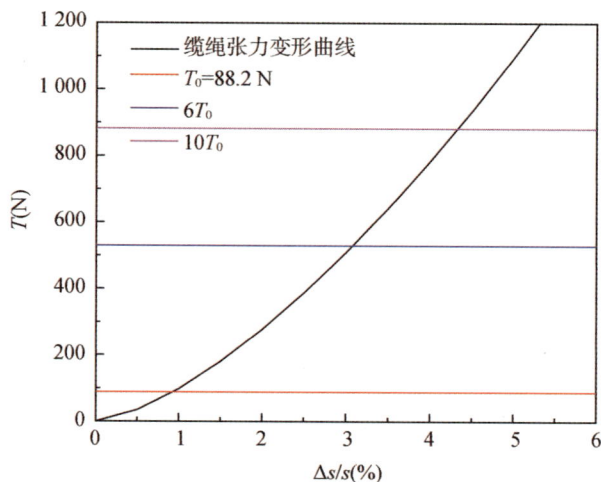

图 4.3.7　模型缆索张力-变形曲线(净浮力为 30 t/m,比尺为 1∶50)

(3)线性张力-变形系数$\left[\gamma=\dfrac{\delta T}{\delta(\Delta s/s)}\right]$的确定

假设试验过程中,缆索张力主要在 $T_0 \sim 6T_0$(T_0 为初拉力)变动,在此范围内给出缆索张力-变形数值表,如表 4.3.1 所示。

表 4.3.1　缆索张力取 $T_0 \sim 6T_0$ 时的张力-变形数值

张力(N)	T_0	$2T_0$	$3T_0$	$4T_0$	$5T_0$	$6T_0$
$\Delta s/s$(%)	0.94	1.50	1.97	2.38	2.76	3.12

线性张力-变形系数的计算如下:

$$\gamma = \frac{\delta T}{\delta(\Delta s/s)} = \frac{\delta T}{(\Delta s/s)_2 - (\Delta s/s)_1} = \frac{\delta T \times s}{(\Delta s)_2 - (\Delta s)_1} = \frac{\delta T \times s}{(s_2-s)-(s_1-s)} = \frac{\delta T \times s}{s_2-s_1} = \frac{\delta T \times s}{\delta s}$$

$$(4.3.8)$$

整理各区段线性张力变形系数，如表 4.3.2 所示，其中相关系数表示相应区段内线性替代曲线变化的相关程度。从表中可以看出，以 $T_0 \sim 6T_0$ 区段计算出的线性张力–变形系数与模型缆索需要满足的设计张力–变形曲线的相关性。

表 4.3.2 各区段线性张力–变形系数值及其相关性汇总表

张力范围	$T_0 \sim 2T_0$ ($\times 10^3$)	R (%)	$T_0 \sim 3T_0$ ($\times 10^3$)	R (%)	$T_0 \sim 4T_0$ ($\times 10^3$)	R (%)	$T_0 \sim 5T_0$ ($\times 10^3$)	R (%)	$T_0 \sim 6T_0$ ($\times 10^3$)	R (%)
$\delta(\Delta s/s)$ (%)	0.56		1.03		1.44		1.82		2.18	
γ　$T_0 = 29.4$ N	5.25	99.95	5.71	99.89	6.12	99.84	6.46	99.79	6.74	99.75
$T_0 = 58.8$ N	10.50	99.95	11.42	99.89	12.25	99.84	12.92	99.79	13.49	99.75
$T_0 = 88.2$ N	15.75	99.95	17.13	99.89	18.38	99.84	19.38	99.79	20.23	99.75

从表 4.3.2 可以看出，以 $T_0 \sim 6T_0$ 区段计算出的线性张力–变形系数与模型缆索需要满足的设计张力–变形曲线的相关性为 99.75%，符合度良好，可以采用。

4.3.1.3 缆索弹簧设计参数

缆索布置形式如图 4.3.8 所示，模型比尺为 1∶50，初步的弹簧设计按照原型水深 300 m 和 90 m 条件下的缆索布置，悬浮隧道顶部距水面 35 m。初步设计的缆索总长参见表 4.3.3。

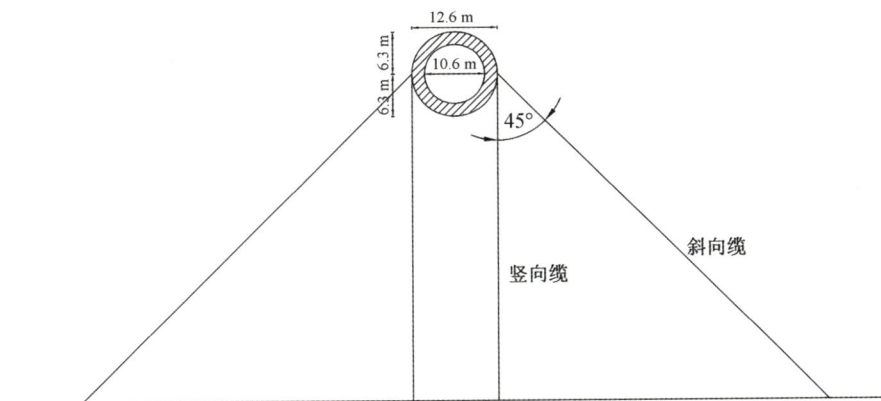

图 4.3.8 缆索布置形式示意图

75

表 4.3.3　初步设计的缆索总长（比尺 1∶50）

原型水深（m）	原型锚缆索总长（m）		模型锚缆索总长（m）	
	斜向缆（45°）	竖向缆（90°）	斜向缆（45°）	竖向缆（90°）
300	365.9	258.7	7.318	5.174
90	68.9	48.7	1.378	0.974

弹簧刚度系数 k 的计算公式如下：

$$k = \frac{\delta T}{\delta s} = \frac{\gamma}{s} \tag{4.3.9}$$

线性张力变形系数 γ 见表 4.3.2，缆索长度 s 见表 4.3.3，模型比尺为 1∶50。表 4.3.3 中不同净浮力及水深对应的弹簧刚度系数计算结果见表 4.3.4。弹簧长度设计为固定长度，初步选定设计长度为 10 cm。

表 4.3.4　不同净浮力及水深对应的弹簧刚度系数计算结果

水深（m）	净浮力（t/m）	缆绳位置	弹簧刚度系数 $k[\times 10^3 \text{ N/m}]$
300	10	斜向缆	0.922
		竖向缆	1.303
	20	斜向缆	1.843
		竖向缆	2.607
	30	斜向缆	2.765
		竖向缆	3.910
90	10	斜向缆	4.896
		竖向缆	6.923
	20	斜向缆	9.792
		竖向缆	13.846
	30	斜向缆	14.688
		竖向缆	20.769

4.3.2　两端部约束系统

两端部约束方式包括固接、铰接和自由接三种方式。端部约束系统由固定于基础之上的端部基座平台和可在固接、铰接间自由转换的两组约束装置组成。端部约束设计图见图 4.3.9。

模型管体

固接装置

铰接装置

棒芯

端部基座

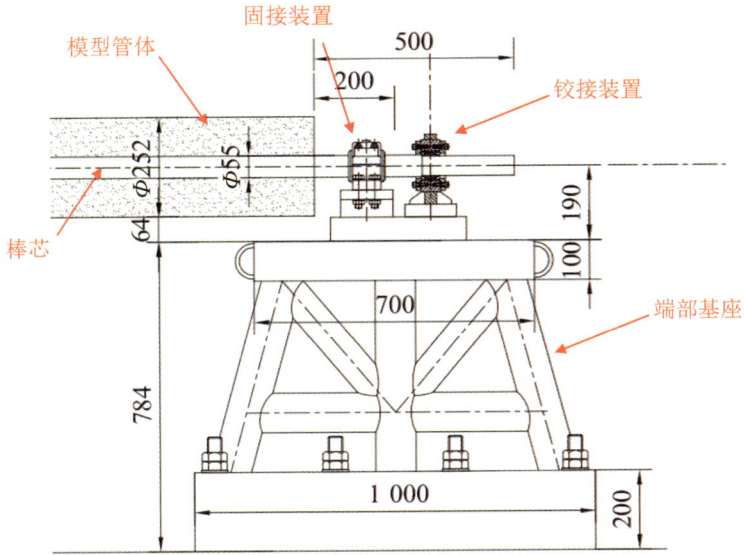

（a）端部约束横向断面图

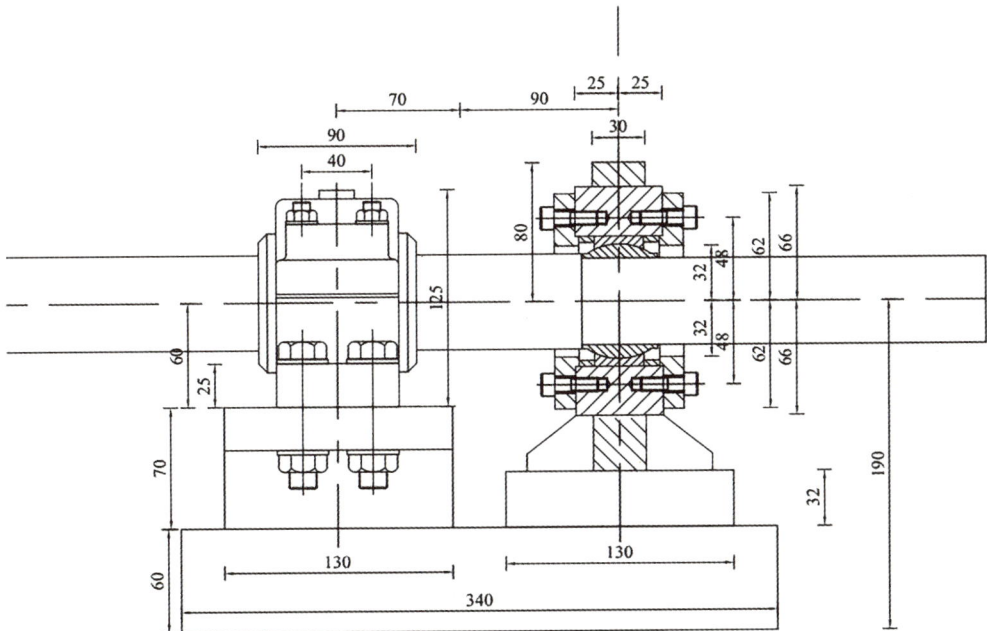

（b）端部约束固接、铰接结构局部断面图

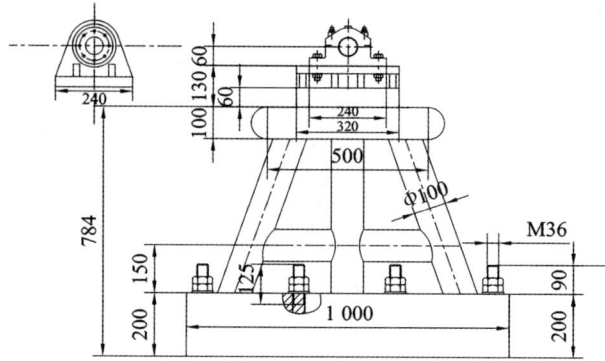

（c）端部约束纵向断面图

图 4.3.9　端部约束设计图（单位：mm）

5 悬浮隧道模型制作与检验

目前,国内外对于悬浮隧道的研究,局限于数学预测模型与二维水槽试验,这些研究不能完整获得悬浮隧道的真实物理响应规律,开展悬浮隧道相关三维物理模型试验是极有必要且有意义的。此前,未见悬浮隧道三维物理模型试验构想,关于三维水弹性模型的制作更是空白,但建立精确、可靠的三维水弹性模型,是开展悬浮隧道三维物理模型试验的基本条件。

悬浮隧道模型的制作可分为隧道主体的制作与悬浮隧道约束系统的制作两大部分,其中隧道主体的制作主要分为棒芯的选择、各组成部分的安装、管段间的连接装置以及外包装,而约束系统主要分为沿程约束和端约束两大部分。模型检验包括几何相似和质量相似检验、弹性相似检验、重力相似检验。需要测量的主要模型参数有模型整体的长度、管体的横截面直径、模型整体的质量、模型管段在空气中的自振频率,模型在特定约束条件下的静水衰减周期(运动分量固有周期)。

第一代模型按照净浮力 20 t/m、浮重比 1.19、原型水深 300 m、悬浮隧道顶部距水面 35 m、模型比尺 1∶50 设计。竖向缆设计刚度为 2 607 N/m,斜向缆设计刚度为 1 843 N/m,模型管段单位长度质量为 41.851 kg/m。

5.1 悬浮隧道主体结构制作

5.1.1 管芯制作及性能参数测试

5.1.1.1 管芯模型制作

对管径范围在 20~90 mm 的有机玻璃管、镀锌钢管、铁管、不锈钢钢管、铁棒及不锈钢钢棒(如图 5.1.1 所示)分别进行固有频率和挠度测试,通过物理试验测试和理论公式计算相互验证的方法,筛选出满足要求的材料,并最终确定以直径 55 mm 的 304 不锈钢钢棒作为比尺 1 ∶ 50 的悬浮隧道模型管芯材料。

管芯的检测内容包含管芯的刚度检测、管芯连接丝套的刚度检测、管芯各拼接段的外形尺寸检测、管芯平直度检测及校直。

图 5.1.1　部分参加比选的管芯材料

5.1.1.2 刚度测试仪器及测试方法

测试仪器:为了获得高精度的悬浮隧道挠度及运动响应测量结果,试验采用由 Northern Digital Inc(NDI) 开发的六自由度光学实时捕捉测量系统 Optrak Certus。它可以在预先校准的 20 m³ 测量体积内测量数百个标记点的位移和方向,每个标记点都会被单独追踪,测点距位置传感器有效距离为 1.5~6.0 m,最大精度为 0.1 mm,最大分辨率为 0.01 mm。与其他运动捕捉系统不同,Optrak Certus 不会对数据进行平均或过采集以提高测量精度,测量记录为 3D 数据点,具有最小的延迟和噪声,数据可靠且可重复,允许精确重建测量信号。NDI 系统的传感器长 1 126 mm、宽 200 mm、高 161 mm,如图 5.1.2 所示。

图 5.1.2 NDI 系统示意图

测试方法:测量钢棒在悬臂结构形式下自由端受到不同荷载时的挠度,根据结构静力学公式推算出钢棒的静态抗弯刚度,并与抗弯刚度理论值对比,进而确定钢棒的抗弯刚度是否满足试验要求。

5.1.1.3 连续棒芯性能参数测试

选取三根直径为 55 mm 的 304 实心不锈钢钢棒,一端采用焊接方式固定,悬臂长 1 327 mm,参见图 5.1.3。依次在自由端施加 78.4 N、126.5 N、172.7 N、220.5 N 的竖直向下的集中荷载,用挠度测试仪测量其自由端的挠度值。分别测试编号为 1~3 的三个试件,所得基本参数如下:

试件 1:直径 $D = 55.0$ mm,质量 $m = 18.651$ kg/m。

试件 2:直径 $D = 55.2$ mm,质量 $m = 18.777$ kg/m。

试件 3:直径 $D = 55.1$ mm,质量 $m = 18.709$ kg/m。

经挠度测试,取三次结果平均值,见表 5.1.1。由表 5.1.1 可见,若所选直径为 55 mm 的 304 实心不锈钢钢棒的实测抗弯刚度 EI 与 EI 理论值偏差小于 5%,则所选管芯材料符合抗弯刚度要求。

图 5.1.3　焊接方式获得固定连接

表 5.1.1　悬臂钢棒挠度测试结果

试验组次	集中荷载 F（N）	$\delta_{理论值}$（mm）	$\delta_{实测值}$（mm）	$\delta_{偏差}$（%）	$EI_{理论值}$（N·m²）	$EI_{实测值}$（N·m²）	$EI_{偏差}$（%）	$EI_{实测平均值}$（N·m²）
试件 1	78.4	0.860	0.820	4.7	71 000	74 472	4.9	73 723
	126.5	1.388	1.325	4.5	71 000	74 365	4.7	
	172.7	1.895	1.822	3.9	71 000	73 830	4.0	
	220.5	2.419	2.378	1.7	71 000	72 225	1.7	
试件 2	78.4	0.860	0.821	4.5	71 000	74 381	4.8	73 603
	126.5	1.388	1.330	4.2	71 000	74 085	4.3	
	172.7	1.895	1.830	3.4	71 000	73 508	3.5	
	220.5	2.419	2.371	2.0	71 000	72 438	2.0	
试件 3	78.4	0.860	0.823	4.3	71 000	74 201	4.5	73 600
	126.5	1.388	1.327	4.4	71 000	74 253	4.6	
	172.7	1.895	1.830	3.4	71 000	73 508	3.5	
	220.5	2.419	2.371	2.0	71 000	72 438	2.0	

5.1.2　管芯连接丝套模型制作及性能参数测试

5.1.2.1　管芯连接丝套模型制作

截断连接 I ——等刚度丝套（直径 68 mm），截断连接 II ——加强丝套（最大直径78 mm），通过连接丝扣两端设置的备帽，保证连接位置固定。两种接头模型成品见图5.1.4。

（a）等刚度接头模型成品图1

（b）等刚度接头模型成品图2

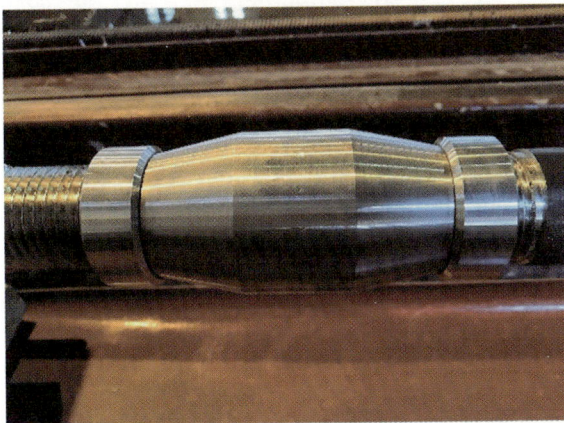

（c）加强接头模型成品图

图5.1.4 两种接头模型成品图

5.1.2.2 管芯连接丝套性能参数测试

将前面测试的三个管芯试件截为两段并在截断处胶丝,连接不同丝套,测量由丝套连接的截断管芯在悬臂结构形式下自由端受到不同荷载时的挠度,根据结构静力学公式推算出管芯的静态抗弯刚度,并与抗弯刚度理论值对比。

对截断连接 I ——等刚度丝套(直径 68 mm)和截断连接 II ——加强丝套(最大直径 78 mm)构件分别进行校验,测试长度 $L = 1.327$ m,结果分别见表 5.1.2 和表 5.1.3。

表 5.1.2　截断连接 I ——等刚度丝套(直径 68 mm)

试验组次	集中荷载 F (N)	$\delta_{理论值}$ (mm)	$\delta_{实测值}$ (mm)	$\delta_{偏差}$ (%)	$EI_{理论值}$ (N·m²)	$EI_{实测值}$ (N·m²)	$EI_{偏差}$ (%)	$EI_{实测平均值}$ (N·m²)
试件 1	78.4	0.860	0.858	0.2	71 000	71 174	0.2	70 024
	126.5	1.388	1.393	0.4	71 000	70 734	0.4	
	172.7	1.895	1.929	1.8	71 000	69 735	1.8	
	220.5	2.419	2.509	3.7	71 000	68 454	3.6	
试件 2	78.4	0.860	0.860	0.0	71 000	71 008	0.0	70 019
	126.5	1.388	1.390	0.1	71 000	70 887	0.2	
	172.7	1.895	1.930	1.8	71 000	69 699	1.8	
	220.5	2.419	2.508	3.7	71 000	68 481	3.5	
试件 3	78.4	0.860	0.860	0.0	71 000	71 008	0.0	70 037
	126.5	1.388	1.393	0.4	71 000	70 734	0.4	
	172.7	1.895	1.926	1.6	71 000	69 844	1.6	
	220.5	2.419	2.505	3.6	71 000	68 563	3.4	

表 5.1.3　截断连接 II ——加强丝套(最大直径 78 mm)

试验组次	集中荷载 F (N)	$\delta_{理论值}$ (mm)	$\delta_{实测值}$ (mm)	$\delta_{偏差}$ (%)	$EI_{理论值}$ (N·m²)	$EI_{实测值}$ (N·m²)	$EI_{偏差}$ (%)	$EI_{实测平均值}$ (N·m²)
试件 1	78.4	0.860	0.832	3.3	71 000	73 398	3.4	73 062
	126.5	1.388	1.352	2.6	71 000	72 879	2.6	
	172.7	1.895	1.856	2.1	71 000	72 478	2.1	
	220.5	2.419	2.337	3.4	71 000	73 492	3.5	
试件 2	78.4	0.860	0.835	2.9	71 000	73 134	3.0	72 671
	126.5	1.388	1.353	2.5	71 000	72 826	2.6	
	172.7	1.895	1.857	2.0	71 000	72 439	2.0	
	220.5	2.419	2.376	1.8	71 000	72 286	1.8	
试件 3	78.4	0.860	0.831	3.4	71 000	73 486	3.5	72 719
	126.5	1.388	1.351	2.7	71 000	72 933	2.7	
	172.7	1.895	1.860	1.8	71 000	72 322	1.9	
	220.5	2.419	2.381	1.6	71 000	72 134	1.6	

测试结果说明,选用两种连接丝套对结构刚度的影响在 0.2% ~ 3.6%(与未截断的钢棒对比),即钢棒截断后选用两种形式的丝套连接都可以满足刚度要求,由于等刚度丝套加工方便,且截断连接后测试刚度更接近未截断的钢棒的结果,故选择直径为 68 mm 的等刚度丝套作为连接套件。无丝套管芯与有丝套管芯对比见图 5.1.5。

图 5.1.5　无丝套管芯与有丝套管芯对比

5.1.3　管芯动应变测试系统安装及调试

为了能够在水下悬浮隧道水弹性响应试验中测得棒芯在水动力荷载下的响应情况,需要测量出棒芯的微小变形,因此需要给棒芯配备一套动应变测试系统。

5.1.3.1　管芯动应变测试系统的安装

(1) 动应变测试仪器

动应变测试采用江苏东华测试技术股份有限公司制造的 DH5922D 动态信号测试分析系统,如图 5.1.6 所示,其测试原理为:在棒芯指定位置粘贴应变片,棒芯发生微小应变时带动应变片变形,从而改变应变片电阻阻值,接入测量桥路中的电压信号会随应变片电阻阻值的改变而变化,该电压信号通过信号采集盒传输至控制 PC 机并进行相关处理。该应变测试仪器精度可达 $3\mu\varepsilon$(3 个微应变)。

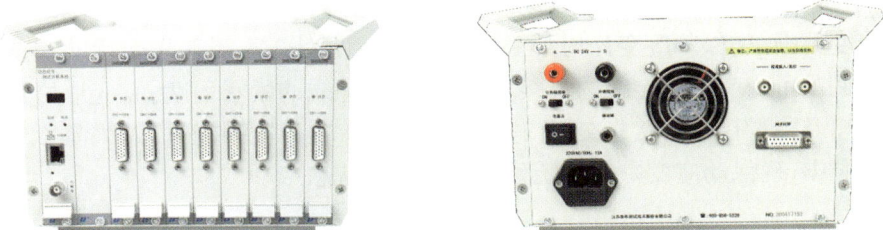

图 5.1.6　DH5922D 动态信号测试分析系统

（2）动应变测试位置的布置方案

在棒芯的顶面（记为0°应变测量线）、两个侧面（分别记为90°、270°应变测量线）以及底面（记为180°应变测量线）上布置应变测试点。在0°和90°应变测量线上从模型有效段起始处（记为0 m处）起每间隔1 m布置一个应变测试点，直至模型有效段末端（记为24 m处）；在180°和270°应变测量线上从模型有效段0 m处至24 m处，每隔2 m布置一个应变测点。

①0°和90°线上各布置25个测点：

振型测试需要测点：Ⅰ阶振型（0 m、12 m、24 m），Ⅱ阶振型（0 m、6 m、12 m、18 m、24 m），Ⅲ阶振型（0 m、4 m、8 m、12 m、16 m、20 m、24 m），Ⅳ阶振型（0 m、3 m、6 m、9 m、12 m、15 m、18 m、21 m、24 m），合计13个点；挠度加密点（1 m、2 m、5 m、7 m、10 m、11 m、13 m、14 m、17 m、19 m、22 m、23 m），合计12个点；合计（13+12）×2＝50个点。

②180°和270°线上各布置13个加密测点：

与0°和90°形成对照的挠度加密点（0 m、2 m、4 m、6 m、8 m、10 m、12 m、14 m、16 m、18 m、20 m、22 m、24 m），合计13×2＝26个点。

（3）动应变测试系统的安装

按照应变片测试位置的布置方案要求，采用强力胶水逐个将应变片粘贴至棒芯指定位置，然后对每个应变片进行封胶（防水处理）。

导线最初选择排线连接作为管体内部导线，排线占用空间小，产生的管体增重低，布置方便，然而连通后发现由于排线中不设屏蔽线，各应变测试点的信号相互干扰，测试结果失真。为避免应变采集点过多带来的信号干扰，采用仪器厂家提供的优质屏蔽数据线作为信号导线，将各导线依次连接测量应变片，并紧密固定在棒芯上，在棒芯有效段的两端分别留出导线接头。

将留出的导线接头连接到动应变测试采集系统中，采集各应变片信号。通过动应变采集系统调试，确保所有动应变采集信号均接通并正常工作。

在每段管段接头处将导线剪断，保证发泡塑料环及配重环的有序安装。将所有导线贴上标签，确保现场安装时导线连接不出错。

5.1.3.2　棒芯动应变测试系统的连接调试

通过屏蔽导线连接应变片及动应变采集系统后，在管段静止放置时采集2 min动态应变数据，确保各应变片均接入采集系统中，并处于不受信号干扰的状态。此项调试调整了应变片与导线的焊接程度、各接头连线的紧密程度、应变片的封胶密实状况以及测量仪器的接地处理方式等。在各应变片周围轻击，并采集2 min动态应变数据，确保动应变采集系统处于正常工作状态。

5.1.3.3　棒芯动应变测试系统的现场连接及调试方案

在试验现场，各接头处剪断的导线应按照所贴标签对应连接，连接方式为焊接,每个焊接点均需采用锡纸包裹以防止信号干扰,并使用防水胶带缠裹密实,之后埋入管段连接处的发泡塑料中。管段两端的导线接头需通过焊接的方式与动态应变测试系统的信号采集线连接,接头处采用锡纸包裹防止采集信号相互干扰,并使用防水胶带缠裹密实。采集仪器需连接地线,用以降低信号干扰。

动态测试系统连接完成后,进行现场调试,在管段静止放置时采集 2 min 动态应变数据,确保各应变片均接入采集系统中并处于正常工作状态。

图 5.1.7 至图 5.1.10 为动应变测试系统安装过程中的现场图片。

图 5.1.7　应变片粘贴

图 5.1.8　应变片封胶

图 5.1.9　应变片导线布置

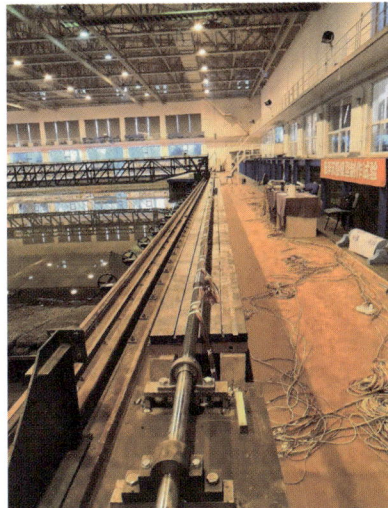

图 5.1.10　动应变测试系统的
连接与调试示意图

5.1.4 整体加工组装方案

5.1.4.1 管道分段组成

模型总长度为 27 m,测试有效长度为 24 m,考虑锚固环位置、动应变测点位置和管芯拼接丝扣连接位置不能重叠,管段分为 6 段,有 5 个丝套连接点。①起始边段(长 2.0 m,有效段 0.5 m,一端为正丝扣,另一端为 8 t 轴向拉力连接器,连接 2 号管段);②过渡段(长 5 m,均为有效段,一端为反丝扣,另一端为正丝扣,连接 1、3 号管段);③标准段(3、4、5 号管段,共计 3 段,长 6 m,均为有效段,一端为反丝扣,另一端为正丝扣);④结束边段(长 2.0 m,有效段 0.5 m,一端为反丝扣,另一端为 8 t 轴向拉力连接器,连接 5 号管段)。丝套连接点在有效段的位置分别为:0.5 m、5.5 m、11.5 m、17.5 m、23.5 m。

钢棒芯动应变测点位置设计为 0°和 90°线上各布置 25 个测点:

振型测试需要测点:Ⅰ阶振型(0 m、12 m、24 m),Ⅱ阶振型(0 m、6 m、12 m、18 m、24 m),Ⅲ阶振型(0 m、4 m、8 m、12 m、16 m、20 m、24 m),Ⅳ阶振型(0 m、3 m、6 m、9 m、12 m、15 m、18 m、21 m、24 m),合计 13 个点;挠度加密点(1 m、2 m、5 m、7 m、10 m、11 m、13 m、14 m、17 m、19 m、22 m、23 m),合计 12 个点;合计 25×2＝50 个点。

锚固缆绳拉力测点位置设计为:1.5 m、4.5 m、7.5 m、10.5 m、13.5 m、16.5 m、19.5 m、22.5m,共计 8 个点。管段的连接点位置、钢棒芯动应变测点位置和锚固缆绳拉力测点位置布置图参见图 5.1.11 和图 5.1.12。

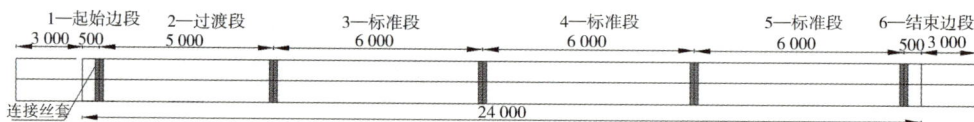

图 5.1.11 管道分段设计

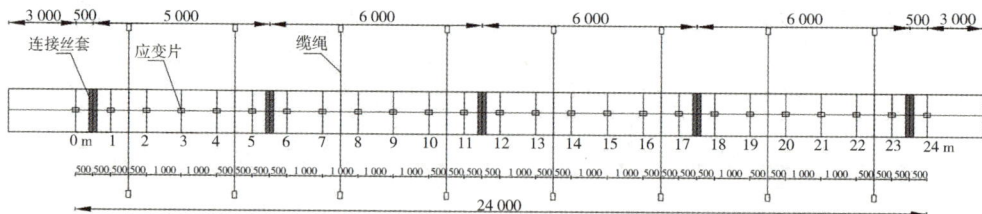

图 5.1.12 管段的连接点位置、钢棒芯动应变测点位置和锚固缆绳拉力测点位置布置图

5.1.4.2 管芯连接方案

管芯连接在 26 段 600 mm×900 mm 的工作调试平台进行。平台搭接出间断式

固定棒芯固定点,选择的等刚度丝扣连接器通过正反丝扣,保证管段在不转动的条件下连接。通过连接丝扣两端设置的备帽,保证连接位置固定。标记连接器、丝扣、棒芯位置及编号。

5.1.4.3 发泡塑料及配重环的安装及连接

发泡塑料及配重环的安装及连接在 26 段 600 mm×900 mm 的工作调试平台进行,按管段分段(2 m 段 2 个,5 m 段 1 个,6 m 段 3 个)进行。

模型管段单位长度质量为 41.851 kg/m,钢棒芯实测单位长度质量为 18.933 kg/m,发泡塑料实测单位长度质量为 1.472 kg/m(密度为 0.031 g/m³),配重环单位长度质量为 21.446 kg/m。

配重环按照每米布置 10 块进行设计,单块配重环质量 2.145 kg。

设计单块配重环在管段轴向上的宽度 45 mm,单块配重环质量确保为 2.145 kg±5 g;

设计单块 I 型发泡塑料轴向宽度 55 mm,直径 252 mm;

设计单块 II 型发泡塑料轴向宽度 45 mm,直径 236 mm(将配重环粘贴到 II 型发泡塑料外周);

设计隧道拉力环为 3 块配重环的质量,即 6.435 kg;管段接头预留段设计为 1.5 块配重环的质量,即 3.218 kg。

标准配重环数量:3.5+41+51×3+3.5=201 块。

I 型发泡塑料数量:3+42+52×3+3=204 块。

II 型发泡塑料数量:3.5+41+51×3+3.5=201 块。

隧道拉力环数量:8 段。

管段接头预留段:10 段。

配重环数量:201+8×3+10×1.5=240 块(即每米 10 块)。

发泡塑料及配重环按照配重设计要求分段逐个粘贴到钢棒芯上,粘贴过程中采用箍紧器保证各段连接紧密,每段组装完成后进行称重,保证单段质量满足净浮力要求,并对管段外表面进行光滑处理。

管段接头预留段需要装备的发泡塑料和配重环在试验现场进行最终装配,以确保运输方便。

图 5.1.13~图 5.1.16 为模型整体安装以及各部分细节示意图。图 5.1.17~图 5.1.19 为模型整体安装后照片。

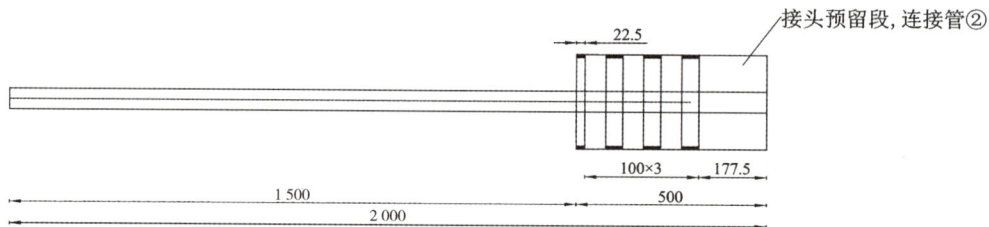

图 5.1.13　①号管段设计

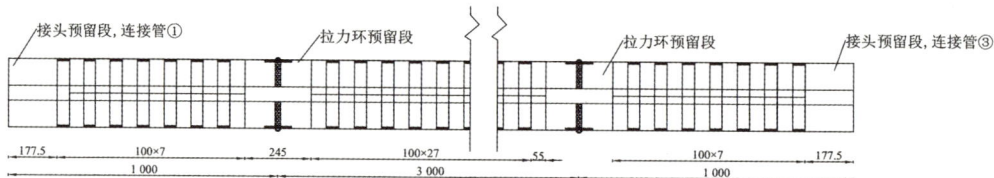

图 5.1.14　②号管段设计

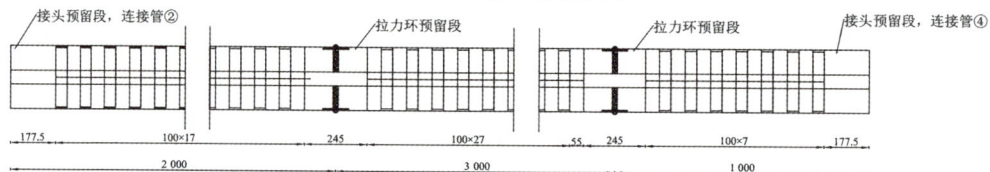

图 5.1.15　③号管段设计(④、⑤号管段同③号管段)

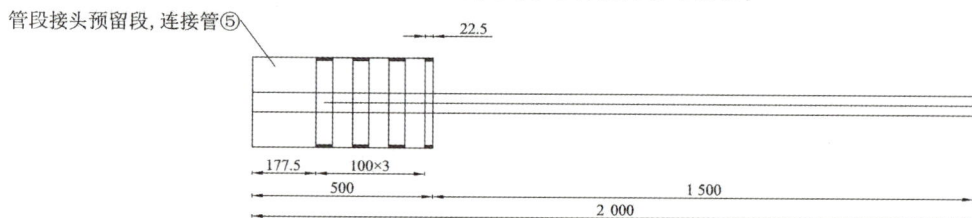

图 5.1.16　⑥号管段设计

图 5.1.17　管段安装调试平台

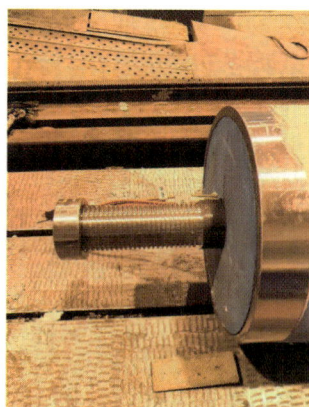

图 5.1.18　接头预留段

图 5.1.19　发泡塑料及配重环的组装

≫ ≫ 5.2　悬浮隧道约束系统制作

5.2.1　沿程缆索锚固系统制作

第一代模型按照净浮力 20 t/m、浮重比 1.19、原型水深 300 m、悬浮隧道顶部距水面 35 m、模型比尺 1∶50 设计。竖向缆设计刚度为 2 607 N/m,斜向缆设计刚度为 1 843 N/m(见表 4.3.4)。

5.2.1.1　隧道拉力环

如图 5.2.1 所示,隧道拉力环由半径为 8 mm 的半圆钢环构成,拉力点沿配重钢环每 45°布置 1 个,以方便不同系缆方式的选取。

以钢棒芯为圆心,每隔 120°布置 1 个隧道拉力环支撑钢柱,即每个隧道拉力环截面布置 3 个隧道拉力环支撑钢柱,以保证隧道拉力环受力时不挤压发泡塑料垫层。支撑钢柱与钢棒芯呈环状接触,不改变系统刚度。半圆钢环设置箍紧耳,保证与支撑钢柱紧密连接,进而保证隧道拉力环受力时不发生环向转动。

图 5.2.1　隧道拉力环

5.2.1.2　缆索线

缆索线在模型中由破断力大于等于 70 kg 拉力的杜邦线(直径 8 mm)、隧道拉力环引出环、张力调节器、张力计、固定长度的弹簧、基础固定点导出环共同构成。缆索线系统弹性满足重力相似体系下的拉力–弹性相似体系下的相对伸长的曲线相似。该相似可由特制的固定长度的线性弹簧来满足。

模拟水深为 300 m,缆索布置为图 4.3.8 所示形式,缆索系统为斜向缆和竖向缆两种。缆索设计杨氏模量为 85 GPa,斜向缆实测杨氏模量为 87.7 GPa(偏差 3.2%),竖向缆实测杨氏模量为 86.9 GPa(偏差 2.2%)。

5.2.1.3　弹簧

假设试验过程中弹簧所受荷载始终为拉力,缆索张力主要在 $T_0 \sim 6T_0$(T_0 为初张力,$T_0 = 58.8$ N)变动。因此,缆索最小拉力为 58.8 N,最大拉力为 352.8 N。对弹簧表面做防水处理。要求 4 根拉簧(2 根斜向、2 根竖向)初始长度一致,拉簧初拉力小于等于 58.8 N。

由手拉葫芦、电子拉力秤、钢尺、地面挂钩和弹簧组成弹簧弹性系数测量系统,对弹簧的弹性系数进行测量试验。用手拉葫芦控制加载力,用电子拉力秤读取拉力大小,用钢尺测量弹簧长度(减去初始长度即是伸长量)。实际测量过程如图 5.2.2 所示。

图 5.2.2　实际测量过程

第一批弹簧厂家提供的参数如图 5.2.3 和图 5.2.4 所示,刚度检测结果如表 5.2.1 和表 5.2.2 所示。由刚度检测结果可知,斜向缆弹簧实测刚度为 1 866 N/m,竖向缆弹簧实测刚度为 2 649 N/m,两者与"4.3.2 两端部约束系统"部分中设计弹簧刚度的偏差均小于 2%,满足要求。隧道模型缆绳系统如图 5.2.5 所示。

规格	
库存编号	LE 125J 11 M
外径	25.400 mm
线径	3.175 mm
最大负荷	311.360 N
自由长度	203.200 mm
刚度	1.83 N/mm
最大长度	355.599 mm
初拉力	31.136 N
材料	MW
总圈数	49.8
有效圈数	49.8
弹簧后处理	ZINC PLATE AND BAKE PER ASTM B633

点击此处获取容许公差和工程信息

图 5.2.3　斜向缆弹簧厂家提供参数

规格	
库存编号	LE 125J 08 M
外径	25.400 mm
线径	3.175 mm
最大负荷	311.360 N
自由长度	152.399 mm
刚度	2.62 N/mm
最大长度	259.334 mm
初拉力	31.136 N
材料	MW
总圈数	34.9
有效圈数	34.9
弹簧后处理	ZINC PLATE AND BAKE PER ASTM B633

图 5.2.4　竖向缆弹簧厂家提供参数

表 5.2.1　斜向缆弹簧刚度测试结果

承重（kg）	测量尺读数（cm）	伸长量（m）	弹性系数（N/m）
0.0	20.3	—	—
9.6	25.3	0.050	1 874.343
12.5	26.8	0.065	1 872.315
14.5	27.9	0.076	1 870.124
16.6	29.0	0.087	1 868.324
19.1	30.3	0.100	1 867.325
21.0	31.3	0.110	1 864.315
22.9	32.4	0.121	1 862.315
26.5	34.3	0.140	1 860.342
29.2	35.7	0.154	1 858.343
32.0	37.2	0.169	1 857.342
平均	—	—	1 865.509

表 5.2.2　竖向缆弹簧刚度测试结果

承重（kg）	测量尺读数（cm）	伸长量（m）	弹性系数（N/m）
0.0	15.2	—	—
7.5	18.0	0.028	2 651.552
10.8	19.2	0.040	2 650.352
13.1	20.0	0.048	2 649.343

续表

承重（kg）	测量尺读数（cm）	伸长量（m）	弹性系数（N/m）
16.1	21.2	0.060	2 649.123
19.1	22.3	0.071	2 649.164
21.9	23.3	0.081	2 648.993
24.2	24.2	0.090	2 648.135
27.3	25.3	0.101	2 649.513
30.2	26.4	0.120	2 648.242
32.2	27.1	0.119	2 649.232
平均	—	—	2 649.365

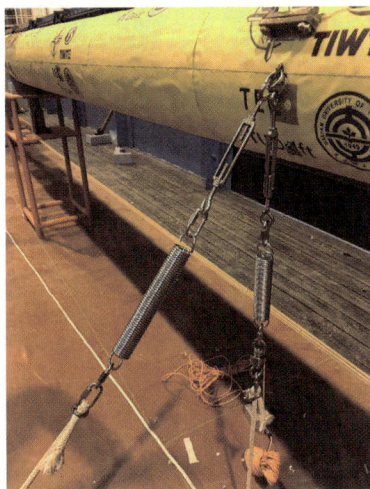

图 5.2.5　隧道模型缆绳系统

5.2.2　两端部约束系统制作

端部约束系统包括固接约束装置、铰接约束装置和端部基座三部分。固接约束装置如图 5.2.6 所示，通过简单的静力拉伸测试，固接约束装置能够有效约束管体端部的所有运动分量。铰接约束装置如图 5.2.7 所示，通过简单的静力拉伸测试，铰接约束能够有效限制管段垂直于轴向的运动分量。端部基座如图 5.2.8 所示，长轴方向为隧道安装后的长轴方向，要求两端支座安放固定后，长轴方向中心线在同一直线上，允许偏差为 0.005 m。要求两端支座中心点相距 25.67 m，允许偏差为 0.5 m。要求两端支座处于同一高度线，高度允许偏差为 0.005 m。端部约束系统的整体装置如图 5.2.9 所示。

图 5.2.6　固接约束装置

图 5.2.7　铰接约束装置

图 5.2.8　端部基座

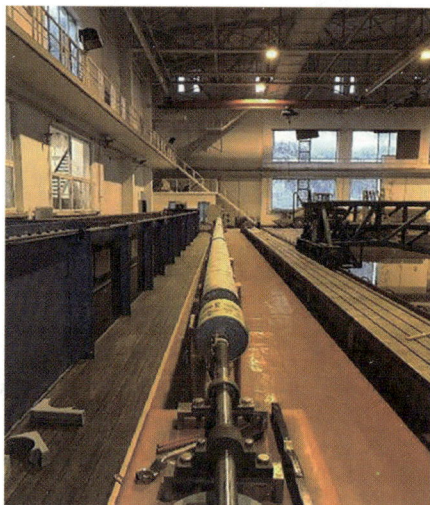

图 5.2.9　端部约束系统的整体装置

》》5.3　模型检验

　　本次悬浮隧道模型制作选择的比尺为 1 : 50,模型整体安装完成后如图 5.3.1 所示。为了对模型的几何相似、质量相似、空气中结构固有频率和挠度相似(弹性相似)、水下浮体运动分量固有频率相似(重力相似)进行检验,需要测量的模型参数有模型整体的长度、管体的横截面直径、模型整体的质量、1.5 m 长的模型管段在悬臂结构下自由端悬挂 8 kg 重物时的挠度、1.5 m 长的模型管段在空气中的自振频率、1.5 m 长的模型管段在静水衰减试验中三个自由度的自振周期,模型具体参数汇总见表 5.3.1。

图 5.3.1　整体安装完成后的三维水弹性悬浮隧道模型

表 5.3.1　模型具体参数汇总

参数	单位	理论值	实测值
长度	m	24.0	24.02
横截面直径	cm	25.2	25.22
质量	kg	1 060.346	1 061.8
挠度	mm	4.88	4.68
空气中自振频率	Hz	103.94	99.56
横荡自振周期	s	—	2.03
垂荡自振周期	s	—	1.0
横摇自振周期	s	—	1.2

5.3.1　几何相似和质量相似检验

通过对模型几何尺寸的测量以及模型入水后自由漂浮时出水高度的测量来进行几何相似和质量相似检验。管段出水高度测量如图 5.3.2 所示。悬浮隧道模型管体直径为 25.20 cm，质量为 41.851 kg/m，模型总质量为 1 060.346 kg，计算得其出水高度为 5.48 cm，如表 5.3.2 所示。

用卷尺测量悬浮隧道的模型长度为 24.02 m，与理论值的误差为 0.08%。用卡尺测量悬浮隧道的管体直径，共选取 5 个测点，每个测点间距为 6 m，测量结果依次为 25.20 cm、25.23 cm、25.21 cm、25.22 cm、25.24 cm，平均值为 25.22 cm，误差为 0.08%。

　　将模型分段称重,然后求和得到模型的实测质量为 1 061.8 kg,误差为 0.14%。

　　将整体模型放置于静水中,模型整体均匀漂浮于水面,测得其浮出水面高度为 5.40 cm,与理论计算的误差为 1.46%。

（a）

（b）

图 5.3.2　管段出水高度测量

表 5.3.2   模型几何尺寸和质量尺寸的检验结果

参数	理论值	实测值	误差（%）
模型长度（m）	24.00	24.02	0.08
管体直径（cm）	25.20	25.22	0.08
总质量（kg）	1 060.346	1 061.8	0.14
浮出水面高度（cm）	5.48	5.40	1.46

5.3.2   弹性相似检验

通过对长度为 1.5 m 的模型管段在悬臂条件下的挠度以及自振频率的测量来进行弹性相似的检验。根据式(3.2.35)和式(3.2.36)中的挠度计算公式，在管段线质量为 41.851 kg/m，自由端悬挂一个 8 kg 重物的条件下，计算得长度 1.5 m 的模型管段(悬臂结构)的挠度为 $\omega_e = \dfrac{ql^4}{8EI} + \dfrac{Fl^3}{3EI} = \dfrac{41.851 \times 9.8 \times 1.5^4}{8 \times 71\ 000} + \dfrac{8 \times 9.8 \times 1.5^3}{3 \times 71\ 000} \approx 4.89 \times 10^{-3}$ m，即 4.89 mm。通过 ANSYS 有限元软件对模型一阶自振频率进行计算，得到模型的一阶自振频率 $f_1 = 10.25$ Hz。

5.3.2.1   挠度测量

试验采用由 Northern Digital Inc(NDI)开发的六自由度光学实时捕捉测量系统 Optrak Certus 对长度为 1.5 m 的模型管段进行了悬臂结构的挠度测试，三次测试结果分别为 4.70 mm、4.67 mm、4.67 mm，三次测试的平均值为 4.68 mm。

5.3.2.2   自振频率测量

测量自振频率使用的仪器是加速度传感器和 NDI 测试系统。加速度传感器的工作原理是压电效应，压电效应是指施加到晶体上的外力不仅使得晶体出现形变，还改变晶体的极化状态的现象。加速度传感器利用了内部晶体变形的特性。变形产生电压，只要得到电压和加速度之间的关系，就能将加速度转化为电压。输出的电信号由 NDI 测试系统采集并储存在计算机中。利用这套设备对长度为 1.5 m 的模型管段进行自振频率的测量，三次测试结果分别为 9.88 Hz、9.81 Hz、9.79 Hz，三次测试的平均值约为 9.83 Hz。

综上所述，对误差进行汇总与比较，表 5.3.3 所示为本悬浮隧道模型挠度和自振频率的误差检验表。

表 5.3.3　挠度和自振频率的误差检验表

参数	理论值	实测值	误差（%）
挠度（mm）	4.88	4.70	3.69
		4.67	4.30
		4.67	4.30
自振频率（Hz）	10.25	9.88	3.61
		9.81	4.29
		9.79	4.49

5.3.3　重力相似检验

在所有校验参数符合要求之后，将一段管体模型和系泊系统置于水池中规定的平衡位置，整个系统便具有恢复力的特性，此时进行系泊系统的静水衰减试验，试验参数见表5.3.4。静水衰减试验的目的是测定整个系统不同运动分量的固有周期。本试验分别对模型管体以及按照悬浮隧道真实的重力分布制作的混凝土管的横荡、垂荡及横摇运动进行测量，试验测得的模型固有周期见表5.3.5。由于各项参数误差均控制在5%以内，因此该模型可以应用于悬浮隧道水弹性响应试验，这套模型的设计制作方法是可行的。图5.3.3所示为静水衰减试验示意图。

表 5.3.4　试验参数汇总

参数	数值
水深（cm）	80.00
缆绳与地面夹角（°）	45.00
缆绳长度（cm）	70.71
浮重比	1.19
模型管段长度（m）	1.50
管段直径（cm）	25.20
缆绳初始拉力（N）	250.26
弹簧劲度系数（kg/m）	350.00
缆绳与管段连接位置距管端点距离（m）	0.25
混凝土管模型壁厚（cm）	2.00

表 5.3.5　两种重力分布不同的模型水下固有周期的比较

参数	钢棒芯-泡沫模型管（s）	混凝土模型管（s）	误差（%）
横荡自振周期	2.03	1.98	2.5
垂荡自振周期	1.00	1.04	4.0
横摇自振周期	1.20	1.26	5.0

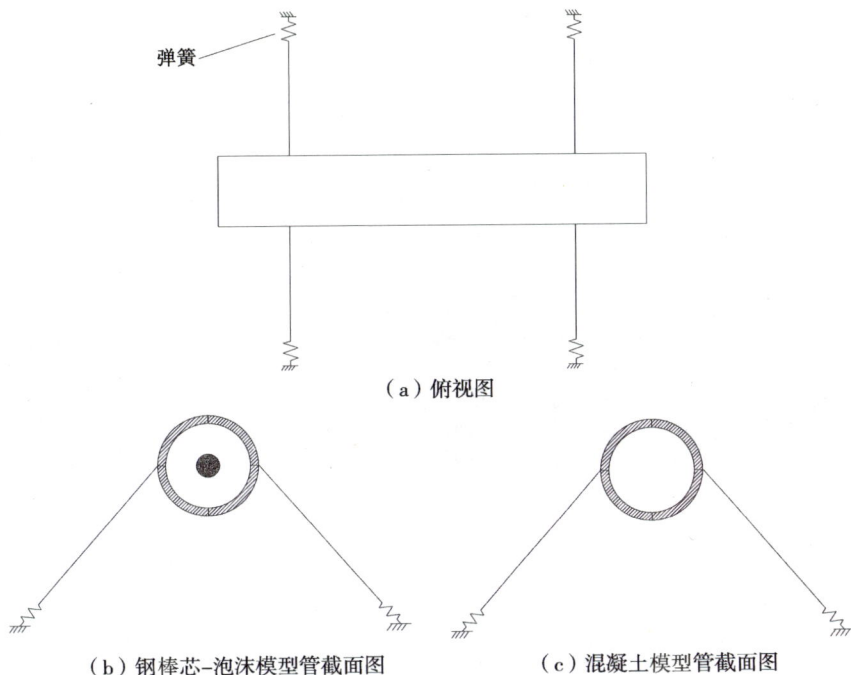

（a）俯视图

（b）钢棒芯-泡沫模型管截面图　　　　　（c）混凝土模型管截面图

图 5.3.3　静水衰减试验示意图

5.4　模型试验应用

　　三维水弹性悬浮隧道模型制作完成后，将模型运至交通运输部天津水运工程科学研究院（简称天科院）。为配合悬浮隧道研究，天科院打造了国内外独有的悬浮隧道试验专用深水试验水池（有效尺寸：50 m×30 m×2.5 m，如图 5.4.1 所示），配备大型 L 形造波机系统，水池配备有高性能、大功率的造波和造流设备、动力控制监管系统。水池最大波高（规则波）可达 0.45 m，最大造流能力为平均流速 0.5 m/s。

　　在仪器设备方面，实验室配置有波高仪、Vectrino 小威龙测速仪、PIV 高速摄像测速仪、Qualisys 水下多目标运动捕捉系统（多点六分量）、拉力测试系统、加速度测试系统、六分力测试系统、光栅光纤应变测试系统、大型浮式结构物拖曳测量系统等常规必备测量设备。以上设备可为长跨度悬浮隧道在波浪、水流联合作用下的整体动力响应试验的顺利实施提供坚实而独特的硬件条件保障。

基于波流联合作用下三维水弹性悬浮隧道系统动力响应试验，研究分析不同水动力条件下悬浮隧道的三维水弹性响应特征，能够揭示波浪、水流、波流共同作用下长跨度悬浮隧道的整体水弹性响应机理，获得的试验数据也可为现有大多数悬浮隧道整体水动力响应数值模型或理论分析模型提供验证依据。悬浮隧道模型及其在水槽中的布置如图 5.4.2 所示。

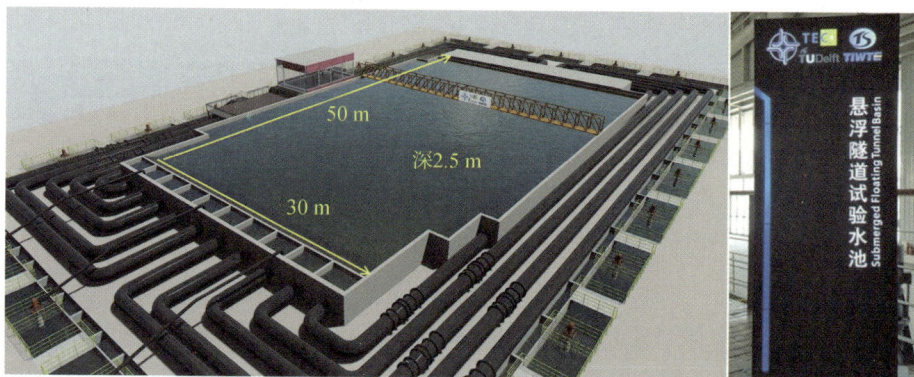

图 5.4.1　悬浮隧道试验水池示意图

（a）

（b）

图 5.4.2   悬浮隧道模型及其在水槽中的布置

6 结论与展望

本书系统介绍了一种悬浮隧道三维水弹性模型的设计及制作方法,并对模型进行相似性检验。该三维水弹性模型的设计及制作方法在严格的弹性相似难以实现且悬浮隧道主要关注挠度变化的情况下,考虑了模型与原型的抗弯刚度相似。通过抗弯刚度相似处理模型的弹性相似问题,从而得到能够反映悬浮隧道真实响应规律的三维水弹性模型,且这种设计易于实现、系统设计难度较低。通过该设计方法可以得到悬浮隧道三维水弹性模型,并能够用于指导悬浮隧道的设计。

≫≫ 6.1 结论

（1）本书基于重力相似准则与弹性相似准则,设计并制作了以下模拟方案:将304 不锈钢钢棒设定在模型管道结构中心,作为弹性模拟主体;三维模型的长度远大于钢棒型材的长度,故需分段制作后连接。在定长钢棒之间设计了与钢棒等强度的螺母及其限位装置。中心钢棒外包裹非渗水泡沫材料,使模型满足几何相似;在泡沫材料内适当位置嵌入指定质量的钢环,以保障模型的质量分布相似。

（2）为了检验模型的重力相似与弹性相似特性的满足情况,在模型分段制作完成后,对其进行了相似性检验,包括几何相似、质量相似、空气中结构固有频率和挠度相似（弹性相似）、水下浮体运动分量固有频率相似（重力相似）等。

模型检验的结果表明,本三维水弹性悬浮隧道模型制作方法可以满足模型重力相似与弹性相似的要求,可以应用到悬浮隧道水弹性响应试验中。

（3）需要注意的一些细节因素包括:等强度截断接头的加工制作必须严格控制质量,否则会对该模型的抗弯刚度造成严重影响;模型的外包装因为容易产生气泡,也需要精确控制,否则会对该模型的外形以及几何尺寸产生影响;配重钢环尽可能选择薄的,目的是尽量减小因钢棒芯重心位于模型中心带来的隧道模型转动惯性矩的误差;等等。

》》》 6.2　展望

本研究得到的水弹性结构模拟方法可推广到悬浮隧道及类似的水弹性模型水动力试验研究中。其不足之处是实际悬浮隧道会受到轴向拉力作用。由胡克定律可知,当弹簧由于受到轴向拉力发生轴向线应变时,横截面方向会发生纵向线应变。纵向线应变与轴向线应变之比即为泊松比,泊松比为无量纲数,不同材料的泊松比一般是不同的,想要达到泊松比的相似极其困难,在模型的设计中忽略了此因素。

参考文献

［1］ 孙胜男. 悬浮隧道动力响应分析［D］. 大连：大连理工大学，2008.

［2］ 晁春峰. 悬浮隧道流固耦合动力响应分析及试验研究［D］. 杭州：浙江大学，2013.

［3］ 王广地. 波流作用下悬浮隧道结构响应的数值分析及试验研究［D］. 成都：西南交通大学，2008.

［4］ 罗刚. 水中悬浮隧道绕流场特性与锚索疲劳损伤研究［D］. 成都：西南交通大学，2013.

［5］ 阳志文，张华庆，李金钊，等. 波流作用下悬浮隧道运动响应纵向截断模型试验研究［J］. 海洋工程，2021，39（2）：44-52.

［6］ 葛斐，惠磊，洪友士. 水中悬浮隧道在波浪场中非线性动力响应的研究［J］. 应用力学学报，2008，25（2）：207-211.

［7］ 刘宇，金瑞佳，耿宝磊，等. 锚索倾角对不同截面悬浮隧道运动响应影响研究［J］. 水动力学研究与进展 A 辑，2020，35（2）：237-247.

［8］ YANG Z W，LI J Z，XU Y W，et al. Experimental study on the wave-induced dynamic response and hydrodynamic characteristics of a submerged floating tunnel with elastically truncated boundary condition［J］. Marine Structures，2023，88（2）：103339.

［9］ YOSHIHARA S，TOYODA S，VENKATARAMANA K，et al. Current-induced vibrations of submerged tunnels［J］. 鹿儿岛大学工学部研究报告，1996.

［10］ 郭晓玲，金瑞佳，刘名名，等. 水流作用下悬浮隧道耦合动力数值模拟分析［J］. 水道港口，2020，41（3）：275-283.

［11］ JIN R J，LIU M M，GENG B L，et al. Numerical investigation of vortex induced vibration for submerged floating tunnel under different reynolds numbers［J］.

Water,2020,12(1):171.

［12］ DENG S,REN H J,XU Y W,et al. Experimental study of vortex-induced vibration of a twin-tube submerged floating tunnel segment model［J］. Journal of Fluids and Structures,2020,94:102908.

［13］ DENG S,REN H J,XU Y W,et al. Experimental study on the drag forces on a twin-tube submerged floating tunnel segment model in current［J］. Applied Ocean Research,2020,104:102326.

［14］ ZOU P X,BRICKER J D,UIJTTEWAAL W S J. Submerged floating tunnel cross-section analysis using a transition turbulence model［J］. Journal of Hydraulic Research,2021:1-13.

［15］ ZOU P X,RUITER N,BRICKER J D,et al. Effects of roughness on hydrodynamic characteristics of a submerged floating tunnel subject to steady currents［J］. Marine Structures,2023,89(12):103405.

［16］ ZOU P X,RUITER N,UIJTTEWAAL W S J,et al. Experimental study of surface roughness effects on hydrodynamic characteristics of a submerged floating tunnel［J］. Applied Ocean Research,2023,135(12):103557.

［17］ ZOU P X,BRICKER J D,UIJTTEWAAL W S J. Impacts of extreme events on hydrodynamic characteristics of a submerged floating tunnel［J］. Ocean Engineering,2020,218:108221.

［18］ PAIK I Y,OH C K,KWON J S,et al. Analysis of wave force induced dynamic response of submerged floating tunnel［J］. KSCE Journal of Civil Engineering,2004,8:543-549.

［19］ 罗刚,郭正儒,张玉龙,等. 水下爆炸-波浪联合作用下悬浮隧道响应分析［J］. 振动与冲击,2022,41(6):256-264,288.

［20］ LIN H,XIANG Y Q,YANG Y,et al. Dynamic response analysis for submerged floating tunnel due to fluid-vehicle-tunnel interaction［J］. Ocean Engineering,2018,166(2):290-301.

［21］ LIN H,XIANG Y Q,YANG Y S,et al. Fluid-vehicle-tunnel coupled vibration analysis of a submerged floating tunnel based on a wake oscillator model［J］. Journal of Waterway,Port,Coastal,and Ocean Engineering,2022,148(1):1-18.

［22］ YANG Y S,XIANG Y Q,GAO C Q. Vehicle-SFT-current coupling vibration of multi-span submerged floating tunnel,part Ⅰ: mode superposition and galerkin hybrid method［J］. Ocean Engineering,2022,247(1):110746.

［23］ YANG Y S,XIANG Y Q,GAO C Q. Vehicle-SFT-current coupling vibration of multi-span submerged floating tunnel,part Ⅱ: comparative analysis of finite difference method and parametric study[J]. Ocean Engineering,2022,249(18):110951.

[24] KANG L, GE F, HONG Y S. A numerical study on responses of submerged floating structures undergoing vortex-induced vibration and seismic excitation[J]. Procedia Engineering,2016,166:91-98.

[25] SATO M,KANIE S,MIKAMI T. Structural modeling of beams on elastic foundations with elasticity couplings[J]. Mechanics Research Communications,2007,34 (5-6):451-459.

[26] SATO M,KANIE S,MIKAMI T. Mathematical analogy of a beam on elastic supports as a beam on elastic foundation[J]. Applied Mathematical Modelling,2008, 32(5):688-699.

[27] LU W,GE F,WANG L,et al. On the slack phenomena and snap force in tethers of submerged floating tunnels under wave conditions[J]. Marine Structures,2011,24 (4):358-376.

[28] 葛斐,董满生,惠磊,等. 水中悬浮隧道锚索在波流场中的涡激动力响应[J]. 工程力学,2006,23(S1):217-221.

[29] 葛斐,惠磊,洪友士. 水中悬浮隧道锚索的非线性涡激振动研究[J]. 中国公路学报,2007,20(6):85-89.

[30] 葛斐,惠磊,洪友士. 水中悬浮隧道锚索在剪切流中的涡激响应[J]. 中国科学院研究生院学报,2007,24(3):351-356.

[31] 孙胜男,陈健云. 悬浮隧道锚索多阶涡激非线性振动[J]. 大连海事大学学报,2007,33(4):86-90.

[32] 陈健云,王变革,孙胜男. 悬浮隧道锚索的涡激动力响应分析[J]. 工程力学,2007,24(10):186-192.

[33] 陈健云,孙胜男,苏志彬. 水流作用下悬浮隧道锚索的动力响应[J]. 工程力学,2008,25(10):229-234.

[34] 罗刚,石研玉,申奇,等. 水中悬浮隧道锚索横向动力特性分析[J]. 长安大学学报(自然科学版),2012,32(3):73-78.

[35] 晁春峰,项贻强,杨超. 悬浮隧道锚索流固耦合振动试验研究[J]. 振动与冲击,2016,35(3):158-163.

[36] 闫宏生,罗钰淇,余建星. 海流作用下悬浮隧道缆索的运动响应[J]. 船舶力学,2017,21(11):1356-1364.

[37] 葛斐,惠磊,洪友士. 波浪场中水中悬浮隧道动力响应的研究[J]. 工程力学,2008,25(6):188-194.

[38] OH S H,PARK W S,JANG S C,et al. Physical experiments on the hydrodynamic response of submerged floating tunnel against the wave action[J]. Hasanuddin

University Press,2013.

［39］ SEO S I,MUN H S,LEE J H,et al. Simplified analysis for estimation of the be-
havior of a submerged floating tunnel in waves and experimental verification［J］.
Marine Structures,2015,44:142-158.

［40］ CIFUENTES C,KIM S,KIM M H,et al. Numerical simulation of the coupled dy-
namic response of a submerged floating tunnel with mooring lines in regular waves
［J］. Ocean Systems Engineering,2015,5(2):109-123.

［41］ LEE J,JIN C,KIM M. Dynamic response analysis of submerged floating tunnels by
wave and seismic excitations［J］. Ocean Systems Engineering,2017,7(1):1-19.

［42］ 李勤熙,蒋树屏. 随机波浪作用下的水中悬浮隧道力学模型实验［J］. 科学技
术与工程,2018,18(10):156-160.

［43］ 李勤熙,蒋树屏,丁浩,等. 波浪作用下椭圆形横截面悬浮隧道管段压强特性
试验［J］. 隧道建设(中英文),2018,38(1):57-64.

［44］ LI Q X,JIANG S P,CHEN X. Experiment on pressure characteristics of
submerged floating tunnel with different section types under wave condition［J］.
Polish Maritime Research,2018,25(s3):54-60.

［45］ 李勤熙. 波-流耦合作用下悬浮隧道关键参数数值仿真与物理试验［D］. 重
庆:重庆交通大学,2019.

［46］ JIN R J,GOU Y,GENG B L,et al. Coupled dynamic analysis for wave action on a
tension leg-type submerged floating tunnel in time domain ［J］. Ocean
Engineering,2020,212:107600.

［47］ YARRAMSETTY P C R,DOMALA V,POLURAJU P,et al. A study on response
analysis of submerged floating tunnel with linear and nonlinear cables［J］. Ocean
Systems Engineering,2019,9(3):219-240.

［48］ YANG Z W,LI J Z,ZHANG H Q,et al. Experimental study on 2D motion charac-
teristics of submerged floating tunnel in waves［J］. Journal of Marine Science and
Engineering,2020,8(2):123.

［49］ CHEN X B,CHEN Z W,CAI S Q,et al. Numerical investigation of dynamic re-
sponses and mooring forces of submerged floating tunnel driven by surface waves
［J］. Scientific Reports,2020,10(1):18836.

［50］ CHEN X B,CHEN Q,CHEN Z W,et al. Numerical modeling of the interaction
between submerged floating tunnel and surface waves［J］. Ocean Engineering,
2021,220:108494.

［51］ LUO W L,HUANG B,TANG Y,et al. Numerical simulation of dynamic response
of submerged floating tunnel under regular wave conditions［J］. Shock and Vibra-

tion,2022,2(3):1-15.

[52] KIM G J,LEE S M,KIM M J,et al. Characterization of single and dual SFT through a hydraulic experiment under regular and irregular waves[J]. Ocean Engineering,2022,263(1):112365.

[53] WANG F,LI K,HUANG B,et al. Experimental investigation of the dynamic behavior of submerged floating tunnels under regular wave conditions[J]. Journal of Marine Science and Engineering,2022,10(11):1623.

[54] 潘文博. 畸形波对系泊浮体动力响应影响试验研究[D]. 大连:大连理工大学,2021.

[55] PAN W B,HE M,CUI C. Experimental study on hydrodynamic characteristics of a submerged floating tunnel under freak waves(Ⅰ:Time-domain study)[J]. Journal of Marine Science and Engineering,2023,11(5):1-19.

[56] PAN W B,CUI C,HE M. Experimental study of the hydrodynamic characteristics of a submerged floating tunnel under freak wave(Ⅱ:Time-frequency domain study)[J]. Journal of Marine Science and Engineering,2023,11(5):1-21.

[57] CHEN X B,XU G J,CHEN Z W,et al. A study of the interaction between depression internal solitary waves and submerged floating tunnels in stratified fluids[J]. Applied Ocean Research,2023,132(5):103455.

[58] 葛斐,龙旭,王雷,等. 水中悬浮隧道管段锚索耦合模型涡激振动研究[J]. 中国公路学报,2009,22(3):83-88,100.

[59] 秦银刚,周晓军. 洋流作用下悬浮隧道动力学行为试验研究[J]. 公路交通科技,2009,26(12):69-72,77.

[60] WU Z W,WANG D X,KE W,et al. Experimental investigation for the dynamic behavior of submerged floating tunnel subjected to the combined action of earthquake,wave and current[J]. Ocean Engineering,2021,239(3):109911.

[61] WU Z W,YANG S,TANG L,et al. Experimental investigation and analysis for hydrodynamic behaviours and progressive collapse phenomenon of submerged floating tunnel under anchor cables' breakage[J]. Ships and Offshore Structures,2021,101(2):1-15.

[62] WU Z W,CHENG Z Y,GARG A,et al. Investigating anti-vibration performance of a novel three-tube submerged floating tunnel reinforced with FRP rigid truss[J]. Ocean Engineering,2023,269(3):113447.

[63] BRANCALEONI F,CASTELLANI A,ASDIA P D,et al. The response of submerged tunnels to their environment[J]. Engineering Structures,1989,11(1):47-56.

［64］ 麦继婷,杨显成,关宝树. 波流作用下悬浮隧道的动态响应分析［J］. 水动力学研究与进展 A 辑,2005(5):616-623.

［65］ 麦继婷,杨显成,关宝树. 悬浮隧道在波流作用下的响应分析［J］. 铁道学报,2008,30(2):118-123.

［66］ XU L,GE F,WANG L,et al. Effects of fundamental structure parameters on dynamic responses of submerged floating tunnel under hydrodynamic loads［J］. Acta Mechanica Sinica,2009,25(3):335-344.

［67］ GE F,LU W,WU X D,et al. Fluid-structure interaction of submerged floating tunnel in wave field［J］. Procedia Engineering,2010,(4):263-271.

［68］ JIN C,KIM M. Dynamic and structural responses of a submerged floating tunnel under extreme wave conditions［J］. Ocean Systems Engineering,2017,7(4):413-433.

［69］ WON D,KIM S. Feasibility study of submerged floating tunnels moored by an inclined tendon system［J］. International Journal of Steel Structures,2018,18(4):1191-1199.

［70］ WON D,SEO J,KIM S,et al. Hydrodynamic behavior of submerged floating tunnels with suspension cables and towers under irregular waves［J］. Applied Sciences,2019,9(24):5494.

［71］ WON D,PARK W S,KANG Y J,et al. Dynamic behavior of the submerged floating tunnel moored by inclined tethers attached to fixed towers［J］. Ocean Engineering,2021,237(2):109663.

［72］ JEONG K,MIN S,JANG M,et al. Feasibility study of submerged floating tunnels with vertical and inclined combined tethers［J］. Ocean Engineering,2022,265(2):112587.

［73］ WON D H,PARK W S,KIM S. Vibration characteristics of submerged floating tunnels with suspension cables according to wave periods［J］. Ocean Engineering,2022,254(5):111343.

［74］ KWON D S,JIN C,KIM M. Prediction of dynamic and structural responses of submerged floating tunnel using artificial neural network and minimum sensors［J］. Ocean Engineering,2022,244:110402.

［75］ JIN C,KIM G J,KIM S J,et al. Discrete-module-beam-based hydro-elasticity simulations for moored submerged floating tunnel under regular and random wave excitations［J］. Engineering Structures,2023,275:115198.

［76］ KIM S J,JIN C,LEE I,et al. Efficient time-domain approach for hydroelastic-structural analysis including hydrodynamic pressure distribution on a moored SFT

[J]. Marine Structures,2023,90:103402.

[77] ZOU P X,BRICKER J D,UIJTTEWAAL W S J. The impacts of internal solitary waves on a submerged floating tunnel[J]. Ocean Engineering, 2021, 238 (2):109762.

[78] JIN C,KIM M H. Tunnel-mooring-train coupled dynamic analysis for submerged floating tunnel under wave excitations[J]. Applied Ocean Research, 2020, 94:102008.

[79] JIN C,BAKTI F P,KIM M. Time-domain coupled dynamic simulation for SFT-mooring-train interaction in waves and earthquakes[J]. Marine Structures,2021, 75:102883.

[80] FOGAZZI P,PEROTTI F. The dynamic response of seabed anchored floating tunnels under seismic excitation [J]. Earthquake Engineering & Structural Dynamics,2000,29(3):273-295.

[81] PILATO M D,PEROTTI F,FOGAZZI P. 3D dynamic response of submerged floating tunnels under seismic and hydrodynamic excitation [J]. Engineering Structures,2008,30(1):268-281.

[82] PILATO M D,FERIANI A,PEROTTI F. Numerical models for the dynamic response of submerged floating tunnels under seismic loading[J]. Earthquake Engineering & Structural Dynamics,2008,37(9):1203-1222.

[83] 罗刚,张玉龙,潘少康,等. 波浪地震耦合作用下悬浮隧道动力响应分析[J]. 工程力学,2021,38(2):211-220,231.

[84] JIN C,KIM M H. Time-domain hydro-elastic analysis of a SFT(Submerged Floating Tunnel) with mooring lines under extreme wave and seismic excitations[J]. Applied Sciences,2018,8(12):2386.

[85] JIN C,KIM M. The effect of key design parameters on the global performance of submerged floating tunnel under target wave and earthquake excitations[J]. Computer Modeling in Engineering & Sciences,2021,128(1):315-337.

[86] 项贻强,晁春峰. 悬浮隧道管体及锚索耦合作用的涡激动力响应[J]. 浙江大学学报(工学版),2012,46(3):409-415.

[87] XIANG Y Q,CHAO C F. Vortex-induced dynamic response analysis for the submerged floating tunnel system under the effect of currents[J]. Journal of Waterway,Port,Coastal,and Ocean Engineering,2013,139(3):183-189.

[88] REMSETH S,LEIRA B J,OKSTAD K M,et al. Dynamic response and fluid/structure interaction of submerged floating tunnels [J]. Computers and Structures, 1999,72(4):659-685.

[89] MUHAMMAD N,ULLAH Z,CHOI D H. Performance evaluation of submerged

floating tunnel subjected to hydrodynamic and seismic excitations[J]. Applied Sciences,2017,7(11):1122.

[90] CHEN Z Y,XIANG Y Q,LIN H,et al. Coupled vibration analysis of submerged floating tunnel system in wave and current[J]. Applied Sciences, 2018, 8 (8):1311.

[91] WON D,SEO J,KIM S. Dynamic response of submerged floating tunnels with dual sections under irregular waves[J]. Ocean Engineering,2021,241(4):110025.

[92] LI C Z,ZHANG M Y,LIU L Q,et al. Coupling vibration model of submerged floating tunnel in space[J]. Journal of Nonlinear Mathematical Physics,2022,29 (4):244-263.

[93] ZOU P X,BRICKER J D,CHEN L Z,et al. Response of a submerged floating tunnel subject to flow-induced vibration[J]. Engineering Structures, 2022, 253 (4):113809.

[94] ZOU P X,BRICKER J D,UIJTTEWAAL W S T. Optimization of submerged floating tunnel cross section based on parametric Bézier curves and hybrid backpropagation-genetic algorithm[J]. Marine Structures,2020,74:102807.

[95] OH S H,PARK W S. Regular wave experiments for twin circular submerged floating tunnel tethered to sea bottom[C] //. Asme International Conference on Ocean,2017: V07BT06A007.

[96] XIANG Y Q,YANG Y. Spatial dynamic response of submerged floating tunnel under impact load[J]. Marine Structures,2017,53(2):20-31.

[97] XIANG Y Q, CHEN Z Y, YANG Y, et al. Dynamic response analysis for submerged floating tunnel with anchor-cables subjected to sudden cable breakage [J]. Marine Structures,2018,59:179-191.

[98] LIN H,XIANG Y Q,YANG Y S. Vehicle-tunnel coupled vibration analysis of submerged floating tunnel due to tether parametric excitation[J]. Marine Structures, 2019,67(4):102646.

[99] LUO G,ZHANG Y L,REN Y,et al. Dynamic response analysis of submerged floating tunnel under impact-vehicle load action[J]. Applied Mathematical Modelling,2021,99(2016):346-358.

[100] GAO C Q,XIANG Y Q,YANG Y S,et al. Transfer matrix method for analyzing dynamic response of multi-span elastically supported SFT under moving load[J]. Applied Mathematical Modelling,2022,112:238-261.

[101] WANG G N,ZHANG N C,HUANG G X. Coupled effect of multi-factor on the vibration of submerged floating tunnel under impact load[J]. Ocean Engineering, 2022,262(3):112181.

[102] TARIVERDILO S,MIRZAPOUR J,SHAHMARDANI M,et al. Vibration of submerged floating tunnels due to moving loads[J]. Applied Mathematical Modelling,2011,35(11):5413-5425.

[103] 张嫄,董满生,唐飞. 冲击荷载作用下水中悬浮隧道的位移响应[J]. 应用数学和力学,2016,37(5):483-491.

[104] 项贻强,林亨,陈政阳. 移动荷载作用下悬浮隧道动力响应分析[J]. 振动与冲击,2018,37(4):82-87.

[105] 罗刚,张玉龙,潘少康,等. 水下爆炸冲击作用下悬浮隧道响应参数分析[J]. 应用数学和力学,2020,41(5):467-479.

[106] AKBARZADEH N,TARIVERDILO S,EMAMYARI A. Vibration of submerged floating tunnels under asynchronous support excitation[J]. Structures,2021,30:329-337.

[107] LUO G,PAN S K,ZHANG Y L,et al. Displacement response of submerged floating tunnel with flexible boundary under explosion load[J]. Advances in Structural Engineering,2021,24(2):346-358.

[108] 林亨,吴冬雁,赵俊亮,等. 随机车流作用下悬浮隧道车-隧耦合振动分析[J]. 振动与冲击,2022,41(7):31-36,52.

[109] YANG Y S,XIANG Y Q,LIN H,et al. Study on vibration response of submerged floating tunnel considering vehicle eccentric load[J]. Applied Ocean Research,2021,110:102598.

[110] LUO G,ZHANG Y L,REN Y,et al. Dynamic response analysis of submerged floating tunnel subjected to underwater explosion-vehicle coupled action[J]. Ocean Engineering,2021,232:109103.

[111] 林巍,林鸣,尹海卿,等. 悬浮隧道整体结构行为机理试验研究 1:总体[J]. 中国港湾建设,2020,40(2):6-14.

[112] 周卓炜,林巍,尹海卿. 悬浮隧道整体结构行为机理试验研究 2:详细设计[J]. 中国港湾建设,2020,40(2):15-20.

[113] 周卓炜,尹海卿,林巍. 悬浮隧道整体结构行为机理试验研究 3:实践[J]. 中国港湾建设,2020,40(2):21-25.

[114] 曾繁旭,周卓炜,林巍,等. 悬浮隧道整体结构行为机理试验研究 4:激振方法构想与实践[J]. 中国港湾建设,2020,40(2):26-30.

[115] 杨建民,肖龙飞,盛振邦. 海洋工程水动力学试验研究[M]. 上海:上海交通大学出版社,2008.

[116] 赵振兴,何建京. 水力学[M]. 北京:清华大学出版社,2010.

[117] R.克拉夫,J.彭津. 结构动力学[M]. 北京:高等教育出版社,2005.

[118] 孙训方,方孝淑,关来泰. 材料力学[M]. 北京:高等教育出版社,1994.